Angst und Einsamkeit

Eine Rundfunkevangelisation von

Dr. Kurt E. Koch

ISBN-Nr.: 978-3-92429-330-7
Herstellung: Druckerei ARKA, www.arkadruck.pl
3. überarbeitete Auflage 2023
Umschlagentwurf: Igor Deitsche

Bibel- und Schriftenmission Dr. Kurt E.Koch e.V.
Osterlängstr. 47
D-73527 Schwäbisch Gmünd
www.schriftenmission.de

Inhaltsverzeichnis

VORWORT

Dem Leser dieser überarbeiteten Ausgabe sei zum besseren Verständnis der folgende Hinweis gegeben. Die erste Auflage erschien 1966 unter dem Titel: „Alle, die Jesus anrührten“. Dementsprechend beziehen sich einige Ausführungen auf die damalige Weltsituation, z.B. in Bezug auf Rotchina. Dies ändert jedoch nichts an der Zielsetzung und dem Hauptanliegen dieses Buches, das aus einer Rundfunkevangelisation von Dr. Kurt Koch (1913-1987) hervorgegangen ist. Angesichts der heute zunehmenden antichristlichen Strömungen und der Zeitereignisse, die offensichtlich endzeitlichen Charakter haben, finden die diesbezüglichen Ausführungen umso mehr Bestätigung und Untermauerung. Möge die Lektüre dieser Schrift die Leserinnen und Leser ermutigen, den Blick von den entmutigenden Problemen im persönlichen Bereich und von den unheilvollen Ereignissen in der Welt abzuwenden und auf den Einen zu richten, bei dem Rettung, Heil und Geborgenheit zu finden sind: Jesus Christus!

September 2023 — Der Herausgeber

ANGST

Matthäus 14,30-31; Johannes 16,33

Im Missionshaus in Bad Liebenzell war ich einmal Teilnehmer einer Missionsstunde. Der alte Chinamissionar Schuppe zeigte uns damals drei Bilder eines gläubigen chinesischen Malers und trug damit seine Botschaft vor. Die Bilder zeigten folgende Situation: Ein Heide war in eine tiefe Grube gefallen und konnte sich nicht befreien. Da kam Konfuzius, der chinesische Morallehrer und Philosoph, des Weges. Der Gelehrte sah den Unglücklichen und gab ihm gute Ratschläge: »Sieh zu, wie du herauskommst. Wenn du das nächste Mal hier vorbeigehst, dann passe besser auf.« Mit diesen Worten schritt er erhobenen Hauptes weiter. Nach einer Weile kam Buddha. Er sah den Pechvogel in der tiefen Grube und redete ihn an: »Mein Lieber, arbeite dich bis zum Rande hoch, dann kann ich dir vollends heraushelfen.« Der arme Mann konnte sich aber nicht so weit hocharbeiten. Und auch Buddha setzte seinen Weg fort und überließ den Unglücklichen seinem Schicksal.
Schließlich kam Jesus vorbei. Wieder rief der Verunglückte um Hilfe. Was tat der Herr? Er legte sich flach auf die Erde, neigte den Oberkörper über den Grubenrand, streckte seinen Arm nach unten und bekam die Hand des Unglücklichen zu fassen. In einem Augenblick war dann der Mann gerettet. Mit diesen drei chinesischen Bildern wird der Un-

terschied zwischen dem Moralphilosophen Konfuzius, dem Selbsterlöser Buddha und dem Heiland der Welt gezeigt. Wir haben damit ein wesentliches Stück der christlichen Botschaft vor uns. Alle Religionsstifter der Weltgeschichte geben moralische Anweisungen, wie der Mensch sich selber helfen soll. Jesus gibt keine Anweisungen, sondern er hilft. Und das soll uns nun an dem Erlebnis des Petrus gezeigt werden.

I. Der Mensch in der Angst

Unser Text aus Matthäus 14 schildert Petrus, der Jesus auf dem Wasser entgegengehen wollte. Solange er auf den Herrn blickte, ging es gut. Als er den Blick von ihm abwandte, begann er zu sinken.
Drei Stufen der Angst werden uns gezeigt:
Er sah den starken Wind und er erschrak.
Er fing an zu sinken.
Er schrie.
1. Beobachtung – Angst – Entsetzen – Verzweiflung. Das sind die Stationen dieses Erlebnisses. Nun mag mir jemand entgegnen: »Was redest du von Angst? Damit habe ich nichts zu tun.« Nun gut, ich gratuliere jedem von Herzen, der ein solcher Kraftmensch ist. Im übrigen wird uns hier im Petruserlebnis nicht eine allgemeine Situation des Lebens gezeigt, sondern nur ein Ausnahmezustand.
Ausnahmezustände können aber ausreichen, dass wir das Leben dabei einbüßen. Solche oder ähnliche Grenzfälle können in jedem Leben eintreten.

Ziehen wir einmal die Linien von der Erfahrung des Petrus bis in unsere Gegenwart.

2. Der starke Wind und die aufgepeitschten Wellen des Sees symbolisieren uns Mächte und Gewalten, denen wir nicht gewachsen sind. Haben wir es im 20. Jahrhundert mit solchen Kräften zu tun? Ja. Vier Gebiete sollen angedeutet werden.

Politische Bewegungen – geistige Strömungen – spezielle Führungen – das Alltagsleben.

a) Winston Churchill sagte zu seinen Lebzeiten: »Die Probleme der Weltpolitik sind uns über den Kopf gewachsen. Wir werden nicht mehr mit ihnen fertig.«

b) Zu den geistigen Strömungen müsste ich zwei extreme Bewegungen nennen: den Neurationalismus in der Theologie und einen neuen religiösen Animismus. Auf der einen Seite wird die menschliche Vernunft zum Maßstab der biblischen Vorgänge gemacht. Auf der anderen Seite wird die Aktivierung unterbewusster Seelenkräfte mit der Etikette des Heiligen Geistes versehen. Beides sind Irrwege. Weder mit dem Verstand noch mit der menschlichen Seele lässt sich der Heilige Geist erfassen oder nachahmen.

c) Es gibt noch andere Bedrohungen, die uns ganz persönlich belasten können. So bin ich einem berühmten Arzt begegnet, der durch einen Tumor gelähmt wurde. Er weiß, dass er dem Wahnsinn oder der vollständigen Lähmung entgegengeht. Ist es da verwunderlich, wenn sich bei einer solchen Aussicht die Verzweiflung in der Seele des Betroffenen breit macht?

d) Auch im täglichen Leben gibt es eine Vielzahl von Wechselfällen mit belastendem Charakter. So könnte ein Soldat nach dem Zweiten Weltkrieg sagen: »Im Kessel von Stalingrad lernte ich die Angst kennen.« Ein Londoner oder Berliner würde bekennen: »Im Feuersturm der fallenden Bomben erlebten wir die Angst.« Aber das ist weit weg. Es gibt Dinge, die näher liegen.

Der eine sagt vielleicht: »Ich habe Angst vor dem Hass und der Unversöhnlichkeit meiner Schwiegermutter.« Ein anderer: »Ich fürchte mich vor den Launen und den hässlichen Szenen meiner Frau.« Eine bekümmerte Frau sagt vielleicht: »Ich habe Angst vor den Jähzornausbrüchen meines Mannes.« Die Kinder fürchten sich vor der Gesetzlichkeit ihrer Eltern. Die Eltern fürchten die Aufsässigkeit und den Ungehorsam ihrer Kinder. Die Angestellte fürchtet sich vor der Herrschsucht und den Launen ihres Chefs.

Wie viele Formen der Angst gibt es: Lebensangst, Platzangst, Existenzangst, Prüfungsangst, Zukunftsangst, Russenangst, Atomangst, Angst vor den Hausgenossen, Angst vor den Nachbarn, die einem ständig auf der Pelle sitzen, Angst vor den Kollegen, Angst vor der eigenen Schwäche und Unfähigkeit. Aber die schlimmste Angst ist noch gar nicht genannt: die Angst vor der eigenen Sünde, die Angst vor dem Gericht Gottes. Wie werden wir eines Tages mit unserer belastenden Vergangenheit vor Gott treten? Da möchte man tatsächlich in den Boden versinken, um sich zu verstecken. Petrus war in der Gefahr, im Meer zu versinken. Wir versinken im Meer unserer Schuld. Wie werden wir mit all diesen Ängsten fertig?

II. Die Irrwege

Das Angstproblem ist nicht ein Kind unseres Jahrhunderts. Zu allen Zeiten wurde diese Frage behandelt. Im klassischen Griechentum gab es zwei philosophische Schulen, die sich auch damit befassten. Die Stoiker stellten als Ideal auf: nil metuere nil admirari – nichts fürchten, nichts bewundern! Das heißt: der Mensch soll über den Regungen seines Gefühls stehen und damit auch die Angst überwinden. Die Hädoniker dagegen hatten ein bewährtes Rezept: Wein, Weib, Gesang. Der Rausch der Sinne sollte über alles hinweghelfen.

Diese griechischen Rezepte sind nicht überholt. Die Nihilisten unserer Zeit wollen zu einer heroischen Haltung erziehen. Ihre Devise lautet: Mit Schwung über den toten Punkt!

Das Motto der Hädoniker wird von Lebenskünstlern aller Schattierungen befolgt. Lasst uns essen und trinken, denn morgen sind wir tot! Den Himmel überlassen wir den Pfaffen und den Spatzen. Uns gehört die Erde.

Wir brauchen uns mit diesen asketischen oder liberalen Experimenten nicht zu befassen. Wohin sie führen, zeigt die Seelsorge auf tausendfache Weise. Ein drastisches Beispiel habe ich in einem Gefängnis für Drogenkriminelle in Mexiko erlebt. Ein Missionar organisierte einen evangelistischen Dienst. Ich verkündete den Gefangenen das Evangelium. Nach meinem Dienst stand ein Mann auf und bekannte: »Von meinen 36 Lebensjahren habe ich 20 Jahre hinter Schloss und Riegel verbracht. Viel schlimmer als die äußere Gefangenschaft war die Gebundenheit an die Droge Heroin. Zwei Jahrzehnte habe ich an diesen schrecklichen Ketten gerüttelt. Schließlich gab ich den Kampf als aussichtslos auf. Selbst im Zuchthaus besorgte ich mir das süße Gift. Aber jetzt habe ich den gefunden, der mich befreien kann und befreit hat: Jesus. Seit ich ihn habe, hat das Heroin seine Macht verloren und mich nicht mehr im Griff.« Dieses Zeugnis behielt seine Kraft. Dieser ehemalige Sklave des Rauschgiftes ist durch Gottes Gnade seither frei. »Wen der Sohn frei macht, der ist recht frei.«

III. Der allein richtige Weg

Wir müssen mit unserer Angst an die richtige Adresse gehen. Als Petrus zu versinken drohte, rief er: »Herr, hilf mir!« Das ist wohl das kürzeste Gebet der ganzen Bibel. Was liegt nicht alles in diesem kurzen Schrei und Gebet! Jedes Wort dieses Rufes hat seine Bedeutung. 1. In unserer Zeit, da sich so viele als die Herren aufspielen, ist einer da, der wirklich den Namen Herr verdient. Ein Herr ist da, der allen Lagen unseres Daseins, aller Not, aller Angst gewachsen ist.

Ein Herr ist da, der allen Jammer meistern kann. Ein Herr ist da, der nicht ratlos übermächtigen Verhängnissen gegenübersteht. Es ist einer da, der doch letzten Endes das große Kommando hat.

2. Der Schrei: »Hilf mir!« bedeutet, dass von diesem Herrn wirklich Hilfe kommt. Der Jesusname »Jehoschua« bedeutet Hilfe.

In der Bibel, in Psalm 121,1-2, heißt es: »Ich hebe meine Augen auf zu den Bergen, von welchen mir Hilfe kommt. Meine Hilfe kommt von dem Herrn, der Himmel und Erde gemacht hat.«

3. Dieses kurze Gebet sagt auch: Hilf mir, dass ich in diese Hilfe einbezogen werde, wenn ich mich im Glauben an ihn wende. Petrus hatte im Augenblick des Versinkens keine Zeit für lange Worte. Jede Verzögerung brachte seinen Untergang, sein Verderben. So ist es auch bei uns. Wenn uns das Wasser bis zum Hals steht, haben wir keine Zeit für lange Experimente. Wer um seine Verlorenheit weiß, sollte nicht an tausend anderen Stellen Hilfe suchen, sondern zu dem kommen, der uns Hilfe verbürgt.

Samuel Keller, der bekannte Pfarrer und Evangelist, übernachtete einmal in einem Gasthof. Eine junge Angestellte fiel ihm durch ihren traurigen Gesichtsausdruck auf. Er sprach sie an und wollte ihr den Weg zu Jesus zeigen. Sie war verschlossen. Da bat er sie, wenigstens einmal am Tag das kurze Gebet zu sprechen: »Herr, hilf mir!« Er schrieb es sogar auf. Die Angestellte versprach es. Nach einem Jahr kehrte Samuel Keller an denselben Ort zurück und traf die junge Frau wieder. Mit strahlendem Gesicht kam sie auf ihn zu. Sie hatte Jesus gefunden. Das kurze Gebet hatte eine wunderbare Wirkung gehabt. Aber auch Samuel Keller hatte manchmal gebetet, dass sie Jesus finden möge.

IV. Die ausgestreckte Hand

Auch bei Petrus blieb sein Gebetsschrei nicht unbeantwortet. Jesus streckte seine Hand aus, packte ihn und entriss ihn der Tiefe. Damit erlebte Petrus, was jener chinesische Maler mit seinen drei Bildern dargestellt hat.

Und ob du am Versinken,
ertrinken kannst du nicht.
Die Wasser werden Wege,
die Wogen werden Stege.

Kann der dich fallen lassen,
der nie die Treue bricht?
Und ob du am Versinken,
ertrinken kannst du nicht.

Die ausgestreckte Hand. Das ist das zentrale Bild unseres Textes. Was könnte ich zu diesem Bild nicht alles erzählen!
Zweimal stand ich an den gewaltigen Niagarafällen. Der mich begleitende Pfarrer berichtete mir von einem dramatischen Unfall. Im Sommer 1961 war ein Mann mit seinem Motorboot auf den Eriesee hinausgefahren. Der Motor bekam einen Defekt,

und dem Besitzer gelang es nicht mehr, das Boot zurückzurudern. In den Stromschnellen kenterte es. Viele Touristen waren Zeugen des schrecklichen Unglücks. Zuerst wurde das Boot über die hohen Wasserfälle geschoben. Dann kam der Besitzer an die Reihe. Unter tausend Augen trieb er in den grausamen Tod. Dann kam seine siebzehnjährige Nichte. Das Mädchen war geistesgegenwärtig. Sie schwamm mit aller Kraft ans amerikanische Ufer. Dabei schrie sie um Hilfe. Ein Tourist stieg die steile Böschung hinunter. Es gelang ihm, die Hand des Mädchens zu erfassen. Andere Touristen bildeten dann eine Kette und zogen mit vereinten Kräften die Schwimmerin aus der starken Strömung heraus. 80 Meter vor dem sicheren Absturz wurde sie herausgerettet. Diese ausgestreckte Hand des hilfsbereiten Mannes entschied über Leben und Tod des Mädchens. So ist Jesus die ausgestreckte Hand Gottes. Das ist das Herzstück des Evangeliums, dass die Hand des Vaters in seinem Sohn nach uns greift. Ein weiteres Bild aus der Schweiz. Einige meiner Freunde, Ernst Schwyn und Werner Ambühl, haben eine Telefonseelsorge eingerichtet. Sie nannten dieses seelsorgerliche Werk: »Die dargebotene Hand«. Dazu eine Illustration aus Baden. Pfarrer Jordan zeigte mir in Bad Dürrheim einmal die neue evangelische Kirche. Der Stil ist etwas seltsam, wie bei vielen modernen Kirchen. Was aber fesseln kann, ist das Altarbild. Bruder Jordan erzählte mir dazu. Als der Kirchbau schon weit vorangeschritten war, fragte der Architekt: »Welches

Motiv soll auf das Glasfenster hinter dem Altar?« Der Pfarrer konnte nicht sofort antworten und bat den Architekten: »Kommen Sie doch einmal zu mir, damit wir darüber reden können.« So saßen die Männer eines Abends zusammen und überlegten. Sie fanden eine Lösung. Bruder Jordan sagte nach langem Ringen: »Das Wesen des Christentums ist doch, dass Gott in seinem Sohn nach uns greift.« Damit war das Motiv gefunden. Das große Fenster zeigt eine große Hand, die von oben nach unten greift. Dazu ist ein Symbol des Heiligen Geistes angedeutet, das darauf hinweist, dass der Heilige Geist uns diesen Griff Gottes in seinem Sohn gewiss und wirklich macht. Die ausgestreckte Hand des Herrn ist eine Sprache, ein Symbol auf Weltebene. Jeder, der in Not und Anfechtung ist, versteht dieses Zeichen. Die dargebotene Hand ist die Antwort Gottes auf alle Ängste unseres Lebens. Die Hand Jesu reißt uns aus der Bedrohung. Seine Hand reißt uns heraus aus der Schuld. Seine Hand entreißt uns dem Gericht Gottes. Diese Tatsache zeigt uns, dass die Angstfrage und die Schuldfrage mit der Person Jesu verknüpft sind. Das wird auch in dem Wort Jesu deutlich gemacht: »In der Welt habt ihr Angst, aber seid getrost, ich habe die Welt überwunden.« Dieser Vers sagt uns, dass uns Jesus nicht ein Leben ohne Angst verheißt. »Ihr habt Angst«, sagt der Herr. »Die Angst ist euch nicht erspart.« Sie gehört nun einmal zum dunklen Tal dieses Lebens. Aber in diesem dunklen Tal ist der Herr gegenwärtig. Der Psalmist hat das erfasst, wenn er sagt: »Und ob ich schon wanderte im finstern Tal, fürchte ich kein Unglück, denn du bist bei mir.« Das ist das Bekenntnis Davids. Und Asaph sagt es genauso wunderbar: »Du hältst mich bei meiner rechten Hand.« Das Leben der Christen ist also nicht ein Weg mit ununterbrochenem Sonnenschein. Das ist unwirklich und schwärmerisch. Aber eines steht fest, dass es ein Alltagsleben an der Hand Jesu gibt. Das ist nicht unwirklich und keine Phantasie, sondern Wirklichkeit. Spitta hat diese Wahrheit in dem Lied zum Ausdruck gebracht:

> Ich steh in meines Herren Hand
> und will drin stehen bleiben.
> Nicht Erdennot und Erdentand
> soll mich daraus vertreiben.
> Und wenn zerfällt die ganze Welt,
> wer sich an ihn und wen er hält,
> wird wohlbehalten bleiben.

Eine Wahrheit ist noch unerwähnt. Gewiss ist, dass Gott in seinem Sohn nach uns greift. Wir haben die Möglichkeit, diese angebotene Hand zu ergreifen. Wir können sie aber auch ablehnen. In einem zeitgenössischen Stück von Karl Zuckmayer mit dem Titel »Des Teufels General« ist diese Möglichkeit beschrieben. Der General sagt zu dem Hauptmann: »Ich habe seine Hand nicht ergriffen, aber das lag an mir. Ich habe eine andere erfasst.« Das ist immerhin ein ehrliches Bekenntnis, das von Tausenden von

Namenschristen erwartet werden könnte. Aber es ist ein schreckliches Eingeständnis: die ausgestreckte Hand des Herrn abgelehnt. Wollen wir nicht einer solchen Katastrophe entgehen? Geben wir uns doch Rechenschaft darüber! – Allen, die es wagen, sich von der ausgestreckten Hand Jesu ergreifen zu lassen, gilt die Verheißung:

Er wird dich nicht versäumen,
er weiß die rechte Zeit.
Wie auch die Wasser schäumen
mit wilder Mächtigkeit.
Wenngleich vor Gischt verschwänden
das Leben und die Welt,
er hat dich doch in Händen,
der alle Himmel hält.

Er hat dich doch in Händen, der alle Himmel hält. Das ist die Lösung der Angstfrage.

EINSAMKEIT

Johannes 5,5-8

Wir leben in Westeuropa in einer Zeit des ungeheuren Aufschwungs. Das kulturelle Leben, die sozialen Projekte und der Lebensstandard haben eine Höhe erreicht, wie es sie in der europäischen Geschichte noch nie gegeben hat. Wo viel Licht ist, sind die Schatten umso dunkler. Psychiater, Eheberater und Seelsorger kennen die Kehrseite. Sie blicken in die Not zerbrochener Lebensschicksale. Aus dieser Not und Bedrängnis angefochtener Menschen heraus ist es mir geradezu ein Auftrag geworden, von der Einsamkeit des Menschen zu sprechen.

I. Formen der Einsamkeit

Einsamkeit hat viele Gesichter. Ich möchte sie am Leben biblischer Gestalten aufzeigen.

1. Die erste Gestalt, die in unseren Gesichtskreis tritt, ist Kain. Seine Geschichte lesen wir in 1. Mose 4. Ich sage nur, was uns schon allen bekannt ist. Abel war ein gottesfürchtiger Mann. Sein Opfer war Gott angenehm. Kain war ein wilder Geselle, der wenig nach Gott fragte und für alle Leidenschaften offen war. Auf dem Feld suchte er mit seinem Bruder Streit. In seinem Jähzorn griff er zur Hacke und erschlug seinen Bruder. Da stellte ihn Gott mit der Frage: »Kain, wo ist dein Bruder Abel?« Der Mörder gab eine trotzige und unehrliche Antwort: »Ich

weiß es nicht. Soll ich meines Bruders Hüter sein?« Was sagt uns diese Geschichte über die Einsamkeit des Menschen? Kain hat seinen Bruder umgebracht. Und durch diesen Mord kann er auch nicht mehr vor die Augen seiner Eltern treten. Auch Gottes Angesicht muss er meiden, denn jede Schuld trennt von Gott. Rastlos und flüchtig – das war das Los des jähzornigen Mannes. Wodurch ist seine Einsamkeit entstanden? Durch seine Schuld. Damit haben wir das stärkste Motiv der Einsamkeit, das es überhaupt gibt: Einsamkeit durch persönliche Schuld.

Sünde macht einsam. Schuld stößt aus der Gottesgemeinschaft. Sünde sondert ab. Damit sind wir an einem Punkt angelangt, der für unser aller Leben eine entscheidende Rolle spielt. Wir sind schuldig geworden an der eigenen Familiengemeinschaft, schuldig geworden an Gott, schuldig geworden am Bruder. Gott sagte dem Kain: »Die Stimme des Blutes deines Bruders schreit von der Erde zu mir.« Wie wird es sein, wenn wir einmal in der Ewigkeit erkennen, wie vielen Menschen wir zum Ärgernis geworden sind?

2. Betrachten wir ein zweites Lebensbild der Bibel, die Geschichte der Hagar (1. Mose 16). Als Sara, Abrahams Ehefrau, keine Kinder gebar, gab sie nach der Sitte der damaligen Zeit ihre Magd Hagar ihrem Ehemann zur Frau, damit die Nachkommenschaft gesichert wurde. Hagar erwartete ein Kind. Das Bewusstsein, dass sie mit ihrem Kindersegen Sara überlegen war, machte diese Magd hochmütig. Sie wurde gegen ihre Herrin stolz. Diese Haltung musste notgedrungen zu einer Auseinandersetzung

führen. Sara beklagte sich bei ihrem Mann über die Magd. Abraham ließ seiner Frau freie Hand. Hagar spürte die kommende Demütigung und floh in die Wüste. Sie war nicht bereit, sich unter ihre Herrin zu beugen. Sie zog die Wüste, die Einsamkeit, die Flucht vor.

Wir haben hier ein zweites Motiv, eine zweite Ursache der Einsamkeit: der ungebrochene Stolz, der unbeugsame Hochmut. Hochmut isoliert, Hochmut zerstört die Gemeinschaft mit den Mitmenschen. Hochmut schafft Distanz. Wir alle wissen, dass wir uns unwillkürlich innerlich von einem hochmütigen Menschen abwenden.

Station Wüste, Station Einsamkeit, grenzenlose Unsicherheit war die Lage der hochmütigen Hagar. Sollte unser Hochmut etwa andere Früchte tragen? Wie viele Kontaktmöglichkeiten haben wir uns durch Hochmut zerschlagen! Verlassen wir die Hagargeschichte. Wir bekommen noch weitere Ursachen unserer Einsamkeit gezeigt.

3. Vergegenwärtigen wir uns den Höhepunkt der Abrahamgeschichte. Abraham hatte Isaak, den Sohn der Verheißung erhalten. Er liebte ihn, wie nur ein Vater seinen einzigen Sohn lieben kann. Und dieser Sohn sollte der gewaltige Prüfstein werden, mit dem Gott seinen Knecht erprobte. In 1. Mose 22 heißt es: »Nimm Isaak, deinen einzigen Sohn, den du liebhast, und gehe hin und opfere ihn zum Brandopfer auf einem Berg, den ich dir sagen werde.«

Können wir ermessen, was im Herzen dieses Mannes vorging? War nicht Isaak der verheißene Erbe,

in dem ihn Gott segnen wollte? Doch der heimgesuchte Vater schob alle Zweifel weg und machte sich mit dem Sohn auf den Weg.
Wie schleppte er sich mit zögernden Schritten den Berg Morija hinauf. Wie schnitt ihm die Frage des Jungen in die Seele: »Hier ist Feuer, hier ist Holz, wo ist das Schaf?« Ging nicht der Vater hier seinen Weg nach Gethsemane und Golgatha?
Er schichtete das Holz auf. Da legte er die Hände an seinen Sohn. Sah er nicht den angstvollen Blick des Jungen? Er griff zum Messer. Wäre es ihm nicht lieber, er könnte sich das Messer selbst ins eigene Herz stoßen und nicht in das Herz des Sohnes? Was waren das für Augenblicke! Befand er sich in diesem maßlosen Leid nicht in grenzenloser Einsamkeit? Kein Trost wollte sich einstellen. Kein Mensch konnte ihm helfen. Die Knechte hatte er eine Tagesreise weit zurückgelassen. Zwischen Gott und ihm stand das Gebot: Du sollst deinen Sohn opfern! Musste er nicht einem solchen Gott den Gehorsam kündigen? Wie konnte Gott ihm das Härteste abverlangen?
Niemand von uns versteht, in welcher Einsamkeit sich Abraham auf Morija befand. Wer hatte ihn in diese Einsamkeit gebracht? Gott selbst, der seinen Glauben und Gehorsam prüfen wollte.
Wir haben hier die Station der Einsamkeit durch den Willen Gottes herbeigeführt, der uns die schwerste Probe des Glaubens nicht ersparen will.
4. Wir spüren noch mehr Männer der Einsamkeit auf. Elia in 1. Könige 19. Der Prophet hatte das gewaltige Gottesurteil auf dem Karmel erlebt. Wie

hatte er Gottes Arm bewegen dürfen! Und nun floh dieser Gottesstreiter vor den Drohungen einer Frau. Frauen können hassen, Frauen können verfolgen, Frauen können den Lebensmut nehmen. So weit war Elia. Er lief in die Wüste, in die Einsamkeit, die ihn verbergen sollte vor den Häschern seiner Feindin. Unter den Wachholder setzte sich der müde Mann. »Herr, ich habe genug! Nimm meine Seele! Ich bin am Ende.« Seinen Diener hatte er zurückgelassen. Wie sollte ihm ein Mensch in dieser Einsamkeit seiner Seele auch helfen können! Ist Elia nicht Tausenden von Boten Gottes mit dieser Seelennot zum Vorbild geworden? Welcher Bote des Herrn ist auf dieser Station der Einsamkeit noch nicht angelangt? Verfolgung, üble Nachrede, Widerstand aus den eigenen Reihen machen einsam. Wie viele Kinder Gottes sind schon innerlich am Boden gelegen, weil sie die aufgebürdeten Lasten nicht mehr tragen konnten! – Es gibt noch mehr Stationen der Einsamkeit.

5. Lassen wir uns von König Hiskia eine Lektion erteilen. In Jesaja 38 wird uns davon berichtet. Der Prophet Gottes war zu ihm gekommen mit der Botschaft: »Bestelle dein Haus, denn du wirst sterben!« Vorbei war es nun mit seiner Königsherrlichkeit! Er, dem viele Diener bereitstanden, hat diesen letzten Weg allein zu gehen. Auch die liebsten Menschen müssen zurückbleiben, wenn wir das letzte dunkle Tal zu beschreiten haben. Einsamkeit auf dem letzen Weg! Nichts kann diese Einsamkeit am deutlichsten zeigen als dieses Allein-gelassen-Werden. Darum

wandte sich Hiskia zur Wand, betete und weinte vor dem Herrn. – Auch uns steht dieses letzte Alleingelassen-Werden einmal bevor. Die Einsamkeit in den Todesschatten der Ewigkeit.

6. Es gibt noch andere Stationen. Hören wir die Lektion, die uns Hiob gibt. Wir wissen, was dieser vorbildliche Leidensmann alles ertrug. Seine zehn Kinder wurden getötet. Sein Vermögen geraubt. Verlust seiner Gesundheit und das Schlimmste zuletzt. Er verlor die Liebe und das Vertrauen seiner Frau. Sie sprach zu ihm: »Hältst du noch fest an deiner Frömmigkeit? Ja, sage Gott ab und stirb!« Seine Frau war ihm keine Hilfe, sondern eine Belastung. Wenn ein Mensch in seiner Liebe getroffen wird, so wird er damit an der empfindlichsten Stelle erreicht und verletzt. Diese Einsamkeit ist fast am schwersten zu ertragen. Kürzlich las ich in einer Statistik, dass Deutschland einen Frauenüberschuss von drei Millionen hat. Wie viel erschütternde Not verbirgt sich hinter dieser Zahl! Menschen, die sich nach Liebe sehnen und nicht zum Ziel kommen!

7. Hören wir noch von einer siebten Station der Einsamkeit. Der Evangelist Johannes führt uns in Kapitel 5 an die Hallen vom Teich Bethesda. Fünf Hallen voll von Kranken! Lahme, Blinde, Verkrüppelte, ein Heer des Elends! Darunter einer, der schon 38 Jahre auf Heilung wartete. Wer kann ermessen, was eine 38-jährige Leidenszeit alles in sich schließt. Diese schlaflosen Nächte, diese unheimliche Wartezeit! Diese Enttäuschungen, wenn stets ein anderer vor

ihm in den heilkräftigen Sprudel stieg!
Und nun trat eines Tages Jesus in diese Hallen. Er blieb vor dem langjährigen Kranken stehen und fragte: »Willst du gesund werden?« Was war die Antwort? »Herr, ich habe keinen Menschen, der mich in den Teich lässt.« Umgeben von fünf Hallen voll Menschen, und doch war keiner für ihn da.
Man kann umringt sein von Menschen, und doch können wir grenzenlos einsam sein. Keinen Menschen, der uns liebhat, keinen Menschen, der uns ganz gehört, keinen Menschen, der mitträgt, der mithilft. Das kommt alles in diesem klassischen Bekenntnis zum Ausdruck.
Wir haben damit sieben Stationen der Einsamkeit abgeschritten. Wir sind dabei nur der Reihenfolge der biblischen Bücher gefolgt. Bei Kain war es die Einsamkeit durch Schuld, bei Hagar Einsamkeit durch ihr ungebeugtes Wesen. Bei Abraham Einsamkeit in einer gewaltigen Glaubensprobe, bei Elia Einsamkeit durch die Verzagtheit, bei Hiskia die Einsamkeit in der Todesnot, bei Hiob die Einsamkeit, als selbst seine Frau ihn noch im Stich ließ, und zuletzt der namenlose Kranke am Teich Bethesda mit seinem Bekenntnis: Ich habe keinen Menschen. Es gibt noch mehr solcher Stationen der Einsamkeit. Doch wollen wir uns beschränken.
Wir legen nun diese Formen der Einsamkeit wie ein unerledigtes Aktenbündel Gott auf den Tisch und bitten: »Nun gib du uns eine Antwort auf diese Einsamkeit! Lasse du uns nicht auch allein, sonst sind wir tatsächlich verloren!«

Gott hört diese Bitte aus einem gequälten Herzen. Er lässt uns nicht allein. Hören wir, wie er diesen sieben Menschen begegnet ist, von denen wir kurz gesprochen haben.

1. Wir haben noch einmal die Kain-Geschichte aufzurollen. Nach dem Mord stellte ihn der Herr mit der Frage: »Kain, wo ist dein Bruder?« Warum eigentlich diese Frage? Gott wusste doch, was Kain getan hatte. Bricht hier nicht mitten in der Mordgeschichte ein Evangelium auf? Gott hätte den Mörder laufen lassen können. Er hätte ihn den Qualen seines Gewissens und seiner Unruhe überlassen können. Stattdessen gibt er sich mit dem Brudermörder ab. Gott musste die Tat verurteilen, und doch ist der Täter bei ihm noch nicht abgeschrieben. Mitten im Gericht darf der Mörder die Barmherzigkeit Gottes erleben, denn Gott macht ein Zeichen der Verschonung an die Stirn des Verbrechers.

Darin liegt auch für uns eine wunderbare Botschaft. Wenn wir durch unsere Schuld einsame und rastlose Menschen geworden sind, so sind wir doch noch nicht abgeschrieben. In unserer Einsamkeit will uns der Herr begegnen mit seiner Vergebung und Hilfe.

2. Wie hat nun Hagar die Überwindung ihrer Einsamkeit und Verzweiflung erlebt? Der Engel des Herrn stellte sich ihr in den Weg und fragte sie: »Hagar, woher kommst du und wohin gehst du?« Die Flüchtige antwortete wahrheitsgemäß: »Ich bin auf der Flucht.« Dann erhielt sie die Anweisung: »Kehre

um und demütige dich.« Das war handfeste Seelsorge. Die Einsamkeit in der Wüste überwunden durch die Umkehr. – Im Leben aller Menschen ist das das beste Rezept: »Halt! Stopp! Kehre um und demütige dich!« Einsamkeit, die durch die Flucht vor Gott entstanden ist, wird nur überwunden durch Buße, Gehorsam und Umkehr.

3. Wie wurde Abraham Herr über seine unsagbare Seelennot? Von den alttestamentlichen Gottesmännern hatte er wohl die härteste Prüfung zu bestehen. Das Schlachtmesser gegen den einzigen Sohn zu erheben! Wie kann ein Vater das innerlich bewältigen? Und doch gab ihm der Herr Gnade zu diesem äußersten Gehorsamsweg. Das sollte er nicht bereuen. Bei erhobenem Messer hörte er den Ruf: »Abraham! Lege deine Hand nicht an den Knaben!« Der Junge war damit gerettet. Der Vater seiner entsetzlichen Seelenqual enthoben! Und er sah den Bock in den Dornen hängen, der dafür geopfert wurde.

Das ist das Urbild des Lammes Gottes. Das Lamm Gottes hat in den Dornen den Todesstoß empfangen. Wir elenden Menschen mit unserer Seelennot finden darin Ruhe. Das Lamm Gottes in den Dornen hat für uns den Todesstoß erlitten. Wir sind nicht allein. Da ist einer, der unsere Verzweiflung auf sich genommen hat.

4. Wie wurde Elia mit seiner Verzagtheit und seiner Einsamkeit fertig? Die Hilfe kam nicht aus seiner erschöpften Seele. Die Hilfe kam nicht von lieben Menschen, sondern vom Herrn selbst. Der Engel des Herrn rührte ihn an und sprach: »Steh auf, iss,

denn du hast einen weiten Weg vor dir!« Wie kann der Herr so wunderbar aufrichten! Er rührt ihn an. Er gibt eine leibliche Stärkung und erteilt ihm einen neuen Auftrag. Das ist eine dreifache Hilfe. Er stellte zuerst den Kontakt mit der oberen Welt her. Dann sorgte er für das leibliche Wohl. Zuletzt gab er seiner Seele mit dem Auftrag neue Flügel. Wenn wir am Nullpunkt sind, dann weiß der Herr so wunderbar zu helfen.

5. Wie hat Hiskia seine Einsamkeit und Todesnot bewältigt? Jesaja, der Prophet, erhielt einen Auftrag Gottes: »Gehe hin und sage Hiskia, ich habe dein Gebet und deine Tränen gesehen. Siehe, ich will deinen Tagen noch 15 Jahre hinzufügen.« Ein Geschenk Gottes! Damit war die Einsamkeit des Königs behoben. Und der Geheilte schenkte uns das Danklied: »Siehe, um Trost war mir sehr bange. Du aber hast dich meiner Seele herzlich angenommen, dass sie nicht verdürbe, denn du wirfst alle meine Sünden hinter dich zurück.«

6. Hiob ist uns auch eine Antwort schuldig, wie er mit seinen Heimsuchungen und seiner Verlassenheit fertig geworden ist. Nachdem er mit Gott über sein schweres Schicksal gerungen hatte, tat er Buße. In Hiob 42,6 heißt es: »Ich spreche mich schuldig und tue Buße in Staub und Asche.« Nach dieser Buße führte der Herr seinen Knecht aus seiner Trostlosigkeit heraus. In Hiob 42,10 wird berichtet: »Der Herr wandte das Gefängnis Hiobs, und der Herr segnete ihn mehr denn zuvor.« Hiob wurde es dann geschenkt, wieder eine große Familie zu grün-

den. Er erlebte Enkel und Urenkel. Es wurde ihm alles wiedererstattet, was er zuvor verloren hatte. Das Beispiel Hiobs zeigt uns, dass die ernsthafte Buße aus der Einsamkeit und Verlassenheit herausführt.

7. Und nun hat uns noch der namenlose Kranke am Teich Bethesda zu erzählen, wie es ihm ergangen ist. Sein Bekenntnis: »Ich habe keinen Menschen«, ist wohl das Ergreifendste, was ein Verlassener in seiner grenzenlosen Isolierung sagen kann. Er ist der namenlose Bruder zu all den namenlosen Brüdern und namenlosen Schwestern in der weiten Welt, die in Einsamkeit seelisch verkümmern, die ihren Schmerz verschließen müssen und nach jeder Nacht in einen mitleidlosen Alltag gehen. Und doch gab es auch für diesen Namenlosen eine Lösung, die beste, die es geben kann. Jesus trat in sein Leben. Das ist die beste Antwort für alle Einsamen, Gestrandeten, Heimgesuchten, Verzweifelten, dass Jesus in unseren Lebenskreis tritt. Wenn unser Leben nur aus Enttäuschungen besteht, dann gibt es einen, der mit diesem tausendfachen Jammer fertig wird. Jesus versteht uns, weil er selbst durch alle Tiefen der Verlassenheit gegangen ist. Denken wir nur an zwei Stationen im Leben Jesu. In Gethsemane, als ihn die Verzweiflung übermannte, zählte Jesus auf seine drei Lieblingsjünger. Während er aber in tiefster Seelennot auf den Knien lag, schliefen seine Jünger. Der Einsame rief aus: »Ach, könnt ihr nicht eine Stunde mit mir wachen und beten!« Das zeigt uns, dass es Anfechtungen gibt, bei denen selbst die uns liebsten Menschen nicht mehr mitgehen kön-

nen. Zu der persönlichen Einsamkeit noch die Enttäuschung durch die, die uns am nächsten stehen! Das hat Jesus erlebt, darum versteht er uns. Ja, es ist ihm noch Ärgeres widerfahren. Am Kreuz ging es nicht mehr um die Enttäuschung durch Menschen, sondern sogar um den Fluch der Gottesferne. »Mein Gott, mein Gott, warum hast du mich verlassen?« In Gethsemane von Menschen verlassen, am Kreuz von Gott verlassen! Damit hatte Jesus den äußersten Tiefpunkt der Verlassenheit erreicht. Sollte dieser Einsame von Gethsemane, dieser Todeseinsame vom Kreuz uns nicht verstehen können? Wer im Leben härteste Schläge hinnehmen musste – da ist einer, den es noch schlimmer traf. Darum versteht er uns. Darum können seine Schultern unsere Lasten tragen. Dieser Einsame ruft uns zu (Hebr. 13,5): »Ich will dich nicht verlassen noch versäumen.« Er macht uns Mut mit seinem Wort (Jes. 49,23): »Du wirst erfahren, dass ich der Herr bin, an welchem nicht zuschanden werden, die auf mich harren.«

Beschämt nicht Gottes Heil und Hort!
Er will sich gern erbarmen.
Nehmt ihn getrost bei seinem Wort
und ausgestreckten Armen!
Er ist kein Mensch, dass er versagt,
was er uns zugesprochen.
Er hört die Stimme, die ihm klagt,
und heilet, was zerbrochen.

Es gibt viele Einsame, die bekennen müssen: »Ich habe keinen Menschen.« Wer es aber im Glauben fassen und erleben kann: »Ich habe Jesus«, dem ist geholfen. Paul Gerhardt weiß um diesen Trost. Er schenkte uns den Vers:

Hoff, o du arme Seele,
hoff und sei unverzagt!
Gott wird dich aus der Höhle,
da dich der Kummer plagt,
mit großen Gnaden rücken.

Erwarte nur die Zeit,
so wirst du schon erblicken
die Sonn der schönsten Freud.

UNSICHERHEIT

Auf dem Giebel eines alten Fachwerkhauses las ich einmal den bekannten Spruch:

> Ich lebe und weiß nicht wie lange.
> Ich sterbe und weiß nicht wie.
> Ich fahr und weiß nicht wohin.
> Mich wundert's, dass ich noch fröhlich bin.

Dieser Spruch drückt die Ungewissheit und Unsicherheit des menschlichen Lebens aus. In dem Drama von Heinrich von Kleist »Die Hermannsschlacht« wird es noch anders ausgedrückt:

> Woher komme ich – aus dem Nichts!
> Wohin gehe ich – in das Nichts!
> Wo stehe ich? – drei Schritt vom Grabe.

Ist es nicht verwunderlich, dass Kleist aus dieser Haltung die Konsequenz zog und im Freitod endete? Die Unsicherheit hat viele Formen. Untersuchen wir einmal die wichtigsten.

I. Die Unsicherheit unseres Lebens

Einer unserer Philosophen hat gesagt: »Ungewissheit und Unsicherheit sind Grundzustände des Menschen.« Wenn wir fragen, was dieser Philosoph damit meint, erhalten wir als Antwort: »Wir sind auf diese Insel Erde geworfen worden. Über uns wurde verfügt, denn wir sind nicht mit unserem Willen in diese Welt gestellt.«

1. Wir haben damit die Feststellung, dass nicht der eigene, sondern ein fremder Wille zu unserer Entstehung und Geburt führte. Dieser Eintritt in das menschliche Dasein ist von einem ganzen Komplex von Unsicherheitsfaktoren umgeben. »Was will aus dem Kindlein werden?« steht über jedem Neugeborenen. Der Säugling weiß davon zunächst nichts, aber er reagiert auf seinen Eintritt in diese Welt mit Geschrei. Wie soll dieses erste Geschrei verstanden und gedeutet werden?

Der Mediziner würde sagen: »Die Natur hat es so eingerichtet, dass das Neugeborene schreit, denn die Lungen müssen in Tätigkeit kommen.« Der Psychologe wird vielleicht darauf hinweisen, dass das neugeborene Kind schreit, weil der Lebenskreis des Kindes sich vom Mutterkreis zu lösen beginnt.« Ein Theologe könnte vielleicht vermerken, dass das Neugeborene schreit, weil es instinktiv ahnt, dass es aus der Geborgenheit Gottes, aus der unbehelligten Atmosphäre der Ewigkeit herausgenommen und hineingestellt ist in eine harte, mitleidlose Welt. Ist damit alles erwähnt, was Mediziner, Psychologe und Theologe uns zu sagen haben? Nein. Könnten wir ein Neugeborenes fragen und hätte es schon den Verstand zu antworten, dann würden wir als erste Antwort erhalten: »Ich habe Angst vor dieser Welt, Angst vor dem, was das Leben mir bringen wird. Ich habe die Geborgenheit des Mutterschoßes eingebüßt und finde mich jetzt in dieser neuen

Situation nicht zurecht.« Das ist das Zunächstliegende. Das Schreien des Neugeborenen ist der symbolische Akt der Unsicherheit. Hiob sagt in poetischer Form: »Der Mensch, vom Weibe geboren, ist voll Unruhe.« In einem zeitgenössischen Lied heißt es:

Wir sind ein Volk, vom Strom der Zeit
gespült ans Erdeneiland,
voll Unruh und voll Herzeleid,
bis heim uns holt der Heiland.

2. Ähnlich wie bei der Geburt des Menschen verhält es sich beim Sterben. Der Sterbende ist umringt von denen, die ihm nahestehen. Manche Hilfeleistungen können sie ihm noch geben. Man schüttelt ihm die Kissen, man benetzt seine trockenen Lippen. Vielleicht stellt der Arzt noch ein Atemgerät auf. Unter Umständen gibt man eine betäubende Spritze, um den Kampf zu erleichtern. Aber muss der Sterbende nicht trotz aller kleinen Handreichungen seinen Weg ganz allein gehen? Keiner kann ihn begleiten, und wäre es auch der liebste Mensch. Keiner kann ihm den Weg beschreiben. Keiner kennt – menschlich gesprochen – das Ziel. Keiner weiß im Grunde, wie das Totenreich oder Paradies beschaffen ist. Der Sterbende betritt Neuland. Eine grenzenlose Unsicherheit umfängt ihn. Vergessen wir nicht, dass das alles aus menschlicher Perspektive geredet ist. Wie der Start ins Leben, so ist auch der Abgang von der Bühne des Lebens in Ungewissheit und Unsicherheit eingebettet. Tho-

mas Hobbes, der englische Deist, Publizist und Philosoph, drückte das in seinem Todeskampf so aus: »Ich bin dabei, einen Sprung ins Finstere zu tun.« Der Abgang ins Finstere! Besser kann diese trostlose Unsicherheit nicht mehr gekennzeichnet werden. Neben dieser Ungewissheit des Lebens, die man auf vielerlei Weise beschreiben könnte, möchte ich auf einen zweiten Bereich der Ungewissheit hinweisen.

II. Die Unsicherheit der Weltlage

Manche Journalisten oder Missionare, die die Welt bereisen, bezeichnen die gegenwärtige Situation als Chaos. Andere sprechen von einem Hexenkessel oder von einem übermächtigen Schicksal. Im Zusammenhang meiner Darlegung möchte ich von einer globalen Völkerwanderung sprechen. Was ist damit gemeint?

Als ich im Westen Kanadas evangelisierte, lernte ich viele Deutsche kennen, die erst nach dem zweiten Weltkrieg Deutschland verlassen hatten. Ich fragte sie nach dem Motiv ihrer Auswanderung. Sie antworteten: »Der Russe steht im Herzen Deutschlands. Tausende von Panzern stehen bereit, mit denen der Russe in zwei Stunden durchbrechen und Frankfurt erreichen kann. Wir haben den Schlamassel einmal mitgemacht. Den zweiten wollten wir uns ersparen.« Immerhin ein Standpunkt!

Es dauerte nicht lange, bis ich auch mit vielen Kanadiern ins Gespräch kam. Einige haben Auswanderungspläne, viele an der Westküste sind von Sorgen geplagt. Sie sagen: »Wer garantiert uns, dass nicht eines Tages der Russe über die Beringstraße kommt und uns von oben überrollt?« Ich fragte: »Wie wollt ihr dem entkommen?« Sie antworteten: »Nach Australien auswandern.« Ich evangelisierte aber auch in Australien. Dr. Werry, der Leiter der »Ambassadors for Christ«, der mich eingeladen hatte, erzählte mir, dass viele Australier in eine Angstpsychose geraten seien. Sie fühlten sich bedrängt, weil der Weltkommunismus immer näher heranrückt. Rotchina streckt seine Fühler nach Korea, Burma und Kambodscha aus. Indonesien war mit Sukarno lange im kommunistischen Fahrwasser. Inzwischen ist er gestürzt. Neuguinea, der Vorposten Australiens, war schon das Vorfeld kommunistischer Agententätigkeit. Von Neuguinea ist es nur noch ein Sprung bis zum australischen Kontinent. Aufschlussreich war für mich die Aussage Dr. Werrys, dass vermögende Australier einen Teil ihres Vermögens nach Südafrika schaffen. Manche siedeln dorthin um.

Afrika war schon mehrmals das Ziel meiner Reisen. Allein in Südafrika hatte ich in 15 Städten Evangelisationen und damit Gelegenheit, mit den verschiedensten Leuten zu sprechen. Oft traf ich dabei auf weiße Südafrikaner, die den Wunsch und Plan hatten, nach Südamerika auswandern zu wollen.

Die Strömungen und Bewegungen Südamerikas sind mir durch zwei Vortragsreisen auch geläufig. Auch dort gibt es Kämpfe um kommunistische Ideen und Entwicklungen. Ich fragte mich nur, wo will der Südamerikaner hinsiedeln, wenn es brenzlig wird? Es schien mir fast wie ein Treppenwitz der Weltgeschichte. Mir sagten deutschstämmige Siedler in Brasilien, sie möchten nach Deutschland zurückkehren und dort bleiben. Sie hätten die Nase so voll.

Ist das nicht ein Ansatz zu einer globalen Völkerwanderung? Leben wir nicht alle in einem Karussell? Der Deutsche wanderte aus nach Kanada. Der Kanadier nach Australien. Der Australier nach Südafrika. Der nach Südamerika. Der Südamerikaner nach Deutschland. Immer reihum! Was ist das Motiv, was ist die Triebfeder einer solchen Entwicklung? Nur die Angst und die Unsicherheit! Die Menschheit hat heute das Gefühl, als tanze sie auf einem brodelnden Vulkan, der jederzeit ausbrechen kann. Wenn noch ein Vergleich gewagt werden kann, dann der eines überbeanspruchten Stromnetzes. Wenn eine Leitung zu sehr belastet wird, brennen die Sicherungen durch. Durch die dauernd wachsenden Unsicherheitsfaktoren wird die Überspannung so groß, dass es in der Weltpolitik jederzeit zum Kurzschluss kommen kann. Ein solcher Kurzschluss kann eine Katastrophe für die ganze Menschheit werden.

Wir könnten noch viele Linien der Unsicherheit aufzeigen. Es fehlt aber die Zeit dazu. Angesichts dieser geballten Ladungen, die wie Tretminen in unserem Weg liegen und uns dauernd bedrohen, fragen wir:

III Und der Ausweg?

Welche Stärke und Beschaffenheit müssen unsere

Sicherungen haben, damit sie nicht durchbrennen?
1. Es gibt Wege der Selbsthilfe. Ich will sie nur kurz andeuten, um nicht zu viel Zeit zu verlieren.
a) Ich bin mehrmals nach Ostasien gereist und habe dort Yoga und Yogis kennengelernt. Das sind Menschen, die sich etwas kosten lassen, um zu einer inneren Harmonie von Körper und Seele zu kommen. Ihre Wege sind manchmal grauenvoll. So wurde mir von Feuergängern berichtet, die monatelang meditieren und sich mental trainieren, um unempfindlich gegen jeglichen Schmerz zu werden. Ich habe mir das sogar von einem ehemaligen Feuergänger in Japan persönlich erzählen lassen. – Inzwischen ist Yoga weltweit zu einer Modebewegung geworden. Man spricht von »Selfrealisation«, von Selbstverwirklichung.
b) Ich bin auch oft mit Muslimen in Kontakt gekommen. Der Islam hat viele Gesichter, von den genussvollsten bis zu den asketischsten. Unter denen, die das Leben verleugnen, möchte ich die Sufis erwähnen, die auf die Ehe, auf Alkohol und auf Fleisch verzichten, um sich zu stählen und einen Anspruch auf ein höheres Leben zu erwerben.
c) Auch im deutschen Raum gibt es Versuche der Selbsthilfe. Die deutsche Mystik hat große Gestalten hervorgebracht, die einen guten Namen haben. Als Beispiel sei Meister Ekkehardt genannt. Worum geht es in der Mystik? Das Fünkchen Gott in uns soll zur Flamme entfacht werden. Das Ziel ist die unio mystica, die mystische Vereinigung mit Gott.
d) Es gibt noch andere Strömungen. Nennen wir die

Idealisten und die Nihilisten. Worum geht es ihnen? Das Gute im Menschen soll gefördert werden. Der Mensch muss sich in die Gewalt bekommen, muss seine körperlichen Kräfte und seine seelischen Triebe beherrschen lernen.
Alle diese Strömungen und viele andere dieser Art haben nur ein Ziel: Das Idealbild des Menschen soll durch seine eigene Kraft geschaffen werden. Es sind im Grunde genommen Wege der Selbsterlösung. Der Engländer hat dafür in neuerer Zeit den Ausdruck »selfexpression«. Der Mensch ist für die Bildung seiner Persönlichkeit verantwortlich. – Brechen wir hier mit all diesen Methoden ab. Sie sind nur eine Hühnerleiter, mit der man nicht den Himmel erreicht. Als die Jünger einmal entsetzt den Herrn fragten: »Ja, wer kann denn selig werden?«, da antwortete der Herr: »Bei den Menschen ist es unmöglich!« Der Mensch kann sich dem Chaos nicht entziehen. Er kann sich nicht an den eigenen Haaren aus der Grube ziehen. Vielleicht erinnern Sie sich an die drei Bilder des chinesischen Malers, von denen im ersten Teil die Rede war.
2. Was ist der richtige Weg? Können Sie eine harte Antwort ertragen? Es ist ein Wort aus der Bibel. Wir haben es schon oft gehört, deshalb wissen wir nicht, dass es ein hartes, ein ausschließliches Wort ist. Der Weg heißt Jesus – und nur Jesus! Der Herr sagt: »Ich bin der Weg! Ich bin die Wahrheit! Ich bin das Leben!«
Also nicht Buddha, nicht Konfuzius, nicht Mohammed, nicht Goethe, nicht irgendeine andere Geis-

tesgröße wie das Universalgenie Leibniz, sondern Jesus allein. Nur das ist der richtige Weg. Alle anderen Wege sind Irrwege! Das ist eine bedrückende und herausfordernde Eindeutigkeit! Die Apostelgeschichte sagt (4,12): »Es ist in keinem andern Heil, ist auch kein anderer Name unter dem Himmel den Menschen gegeben, darin wir sollen errettet werden« – als der Name Jesus.

Eigentlich müssten wir jetzt ganz still werden, bevor wir weiterlesen. Und der Heilige Geist müsste erst unser Herz öffnen. Sonst prallt die Botschaft wieder an uns ab, wie vielleicht schon tausendmal in unserem Leben.

Kein anderer Name gilt vor Gott als der Name Jesus. Kein anderer Weg endet bei Gott als der Weg Jesus. Keine andere Errettung gibt es vor Gott als durch Jesus. Wir dürfen nicht in Superlativen reden, denn das klingt für uns sündige Menschen vor Gott blasphemisch. Aber machen wir uns ganz nüchtern klar: Es geht um Sein oder Nichtsein, um Himmel oder Hölle, um ewige Verzweiflung oder ewige Geborgenheit.

3. Dieser Jesus ist unsere Errettung, wenn wir sie annehmen. Dieser Jesus ist unser Heil, wenn wir im Glauben das erfassen. Dieser Jesus bedeutet die Überwindung aller Unsicherheit, wenn wir uns ihm verschreiben. Man mag mir entgegenhalten: »Sind das nicht bloß unbeweisbare Postulate, die du da aufstellst?« Unbeweisbar sind diese Aussagen, aber sie sind keine Postulate der menschlichen Vernunft, sondern die beglückende Wahrheit Gottes, die sich

nur dem Glauben erschließt. Jesus ist erlebbar, er ist erfahrbar. Das Ereignis, dass Jesus in unser Leben tritt, ist so real wie Gottes Schöpfung mit ihren sichtbaren und unsichtbaren Formen. Den Weisen und Klugen ist das verborgen, dem kindlichen Glauben aber offenbar. Von diesem Ereignis der Jesusbegegnung kann man nur Zeugnis ablegen, man kann das in theologischen Diskussionen nicht erfassen und begreifen. Das ist der Grund, warum so viele Theologen, obwohl sie mit den schärfsten geistigen Waffen ausgerüstet sind, geistlich hoffnungslos blind sind. Jesus versteht nur der, dem sich der Herr selbst offenbart. Es gibt keine Brücke von uns zu ihm, aber es gibt eine Brücke von ihm zu uns. Und dieses große Geheimnis haben viele erlebt.

4. Ich muss jetzt einen Traum berichten, den mir einmal Wilhelm Busch erzählte, als ich in Essen bei ihm evangelisierte. Im Traum wurde Busch von einer weißen Gestalt in einen großen Himmelssaal geführt. Man sagte ihm: »Das ist die Kartei Gottes. Du hast die Erlaubnis, darin nach Namen zu suchen.« Busch machte sich an die Arbeit und erlebte bei seiner Suche gleich drei Überraschungen. Er fand erstens Namen, von denen er nie erwartet hatte, dass sie in der Kartei Gottes stehen. Er suchte ferner vergeblich nach Namen, von denen er annahm, dass sie darin stehen. Und seine größte Entdeckung war, dass er seinen eigenen Namen fand. Ich bin gewöhnlich kein Freund von Träumen. Die Bibel reicht mir. In diesem Fall ist der Traum das Gleichnis eines Jesuswortes: »Freuet euch, dass eure Namen im Himmel

geschrieben sind« (Luk. 10,20).
Ist das nicht Überwindung der Unsicherheit, wenn uns diese unbegreifliche Gewissheit geschenkt ist: »Ich stehe in der Kartei Gottes«? Das ist kein Größenwahn, sondern Erlebnis des Glaubens. Das ist keine Phantasterei, kein Pharisäismus, keine Vermessenheit, sondern die Freude der Kinder Gottes, eingetragen zu sein in den Büchern des Lebens. Verdient haben wir es nicht, wert sind wir es noch weniger, es ist ein reines Geschenk der Gnade Gottes. Aber Tausende haben das erlebt. Zunächst einmal die Männer der Bibel. Denken wir an Petrus, an den Zachäus, an die Sünderin, an den Zöllner Matthäus, an Paulus. Denken wir an die Männer der Kirchengeschichte, ein Augustin, ein Franz von Assisi, ein Luther, ein Zinzendorf, ein Spener, ein Hudson Taylor, ein Spurgeon und wie sie alle heißen.

Es ist die Schar derer, die singen können:

> Nehmen sie den Leib, Gut, Ehr, Kind und Weib, lass fahren dahin, sie habens kein Gewinn. Das Reich muss uns doch bleiben.

Es ist die große Schar derer, die der Herr durch tausend Nöte und Bedrohungen, durch tausend Unsicherheiten hindurchführt. Es ist die Schar derer, von denen es heißt: »Die sind's, die gekommen sind aus großer Trübsal. Und sie haben ihre Kleider gewaschen und haben ihre Kleider hell gemacht im Blut des Lammes« (Offb. 7,14).

Die sich Christus verschrieben haben, haben einen Herrn, der in allen Bedrohungen seine Hand über sie hält. In Johannes 10, 28 sagt dieser Herr: »Niemand wird sie aus meiner Hand reißen.«
Friedrich Traub singt in einem seiner Lieder:

> Wie er mich durchbringt, weiß ich nicht;
> doch dieses weiß ich wohl,
> dass er, wie mir sein Wort verspricht,
> mich durchbringt wundervoll.

Das ist die Antwort auf alle möglichen und unmöglichen Bedrohungen und Unsicherheiten: »Wir haben einen Herrn, der uns durchbringt!« Er hat die Vollmacht und Gewalt dazu, denn Gott hat ihm einen Namen gegeben, der über alle Namen ist. Des Menschen Sohn hat die Macht, das ist die große Melodie des Markusevangeliums. Macht über die Naturgewalten, Macht über die Schöpfung, Macht über die bösen Geister, Macht über Satan, Macht über den Tod, Macht über Menschen, die uns in Schwierigkeiten bringen, Macht über alle Unsicherheiten, die unseren Alltag, unser Leben umgeben. Des Menschen Sohn hat die Macht, er hat die Herrlichkeit, er hat das letzte Wort in der menschlichen Geschichte.

SÜNDE

1. Kor. 15,56-57: *Der Stachel des Todes ist die Sünde. Die Kraft der Sünde ist das Gesetz. Gott aber sei Dank, der uns den Sieg gegeben hat durch unsern Herrn Jesus Christus.*

Sünde? Ist das nicht ein veralteter Begriff? Was ist Sünde? Fragen wir einen Gelehrten. Vor einigen Jahren wurde ich zu einem seelisch kranken Pfarrer gerufen. Er war bei einem Psychotherapeuten in Behandlung. Dieser Arzt belehrte den Theologen, Sünde sei nur ein Dressat seiner christlichen Erziehung. Also nur anerzogen! In Wirklichkeit gäbe es keine Sünde. So sprach der Akademiker.

Was ist Sünde? Fragen wir einen jungen Maurer in der Vesperpause auf der Baustelle. Zuerst runzelt er die Stirn, dann antwortet er überlegen lächelnd: »Sünde? Ich erinnere mich, dass meine verstorbene Großmutter dieses Wort gelegentlich benutzte. Es muss etwas mit der Kirche zu tun haben, denn auch der Pfarrer sprach davon. Aber ich habe damit nichts zu tun.«

Wir sind also noch keinen Schritt weiter. Wenden wir uns an einen Theologen und bitten ihn um eine einfache Antwort. Was ist Sünde? Vielleicht sagt man uns: schuldhaftes Verhalten gegen Gott, gegen den Nächsten, gegen uns selbst. Damit sind wir der Sache näher gekommen und wieder völlig ratlos. Die Frage geht weiter: »Was ist Schuld?« Woher nehmen wir den Maßstab, um Schuld zu beurteilen?

Was ist Sünde? Fragen wir einen modernen Biologen. Er sagt: »Es gibt keine Sünde im Sinn einer gegen Gott begangenen Schuld, sondern höchstens eine Kontaktstörung mit der kosmischen Harmonie.« Das klingt wunderbar! Haben wir uns heute eine Kontaktstörung mit der kosmischen Harmonie geleistet? Was ist Sünde? Fragen wir ein Mädchen, damit auch die Frauen zu Wort kommen. Sünde? Sie überlegt, was sie antworten soll. Schließlich sagt sie: »Sünde ist ein Diätfehler, wenn ich gegen die schlanke Linie sündige.«

Wir sehen an dieser Frage, dass es gar nicht so einfach ist, zu sagen, was Sünde ist. Letztlich kann kein Mensch sagen, was Sünde ist. Selbst unser Gewissen kann erstickt sein. Wenn mir jemand sagt, dass wir aus dem Wort Gottes lernen können, was Sünde ist, dann entgegne ich, dass wir 50 Jahre oder länger das Wort Gottes lesen oder hören können und trotzdem nur eine formelle Erkenntnis über die Sünde haben. Wir können rein theoretisch sagen: »Mord ist Sünde, Ehebruch ist Sünde, Unzucht ist Sünde, Geiz ist Sünde, Hochmut ist Sünde.« Das kann man seelenruhig feststellen, ohne innerlich beteiligt zu sein. Wir befinden uns in einer Sackgasse. Was ist Sünde? Wir nehmen nichts von Menschen an. Unser Gewissen haben wir zum Schweigen gebracht. Gegen Gottes Wort sind wir abgestumpft. Was nun? Sollen wir das Thema einfach aus dem Programm streichen?

I. Das Zeugnis des Heiligen Geistes über unsere Sünde und ihre Überwindung

Es gibt eine Stelle, die uns lehren kann, was Sünde ist. Gehen wir der Sache auf den Grund.
1. Zunächst stellen wir fest, dass es Menschen in der Bibel und in der Kirchengeschichte gibt, die mit dieser einen Stelle in Berührung gekommen sind.
König David, der so ungestüm und sicher in seinem Begehren war, erlebte unter der Wirkung des Heiligen Geistes seinen Zusammenbruch. Wir kennen sein ergreifendes Bußgebet in Psalm 51: »Gott, sei mir gnädig nach deiner Güte und tilge meine Sünden nach deiner großen Barmherzigkeit.«
Der Priester und Prophet Jesaja, der gewiss in seiner Lebens- und Amtsführung ein untadeliger Mann war, wurde vor das Angesicht Gottes gestellt und erlebte dann einen Zusammenbruch. Er rief aus: »Weh mir, ich vergehe, ich bin ein Mensch unreiner Lippen!«
Der einzige Ort, an dem der Mensch erfährt, was Sünde ist, ist der Heilige Geist. Wer mit ihm in Berührung kommt, dem vergeht das Fragen. So erfuhr es der verlorene Sohn auf der Sauweide. So erfuhr es Augustinus. So erfuhr es Luther, als er ausrief: »mea culpa, mea culpa, mea maxima culpa.« So erlebten es alle namentlich bekannten Glaubensboten.
2. Wir wissen nicht, was Sünde ist, solange der Heilige Geist uns nicht in die Enge treibt. Das formale Wissen um die Sünde, die äußere Erkenntnis, nützt uns nichts. Dieses äußere Wissen erlangen wir auch

durch die menschliche Moral oder durch irgend eine Gesetzgebung oder durch die Erziehung. Das ist alles nur Vorarbeit. Mit diesem äußeren Wissen stehen wir nur im Vorhof. Es geht in unserem Leben um ein ganz anderes Ereignis: dass die Stunde kommt, in der wir die Ausweglosigkeit unserer Schuld erkennen. Es ist der Augenblick, in dem Gott uns die fromme Maske vom Gesicht reißt, mit der wir unser Elend verbergen.

Ich will dazu ein technisches Beispiel erzählen. Bei dem ersten H-Bomben-Versuch der Amerikaner befanden sich die leitenden Physiker und Ingenieure in 12 Kilometer Entfernung in einem Bunker. Als Schutz gegen das zu erwartende grelle Licht besaßen sie schwarze Brillen. Als der Lichtkegel der Explosion sich zeigte, war der Brillenschutz nicht ausreichend. Sie schlossen die Augen. Es reichte immer noch nicht. Sie hielten die Unterarme vor die Augen. Und das Licht drang immer noch durch. Sie sahen wie in einem Röntgenschirm die Knochen ihrer Arme. Dieses durchdringende Licht ist ein Gleichnis für das Licht des Heiligen Geistes. Wenn der Heilige Geist uns anstrahlt, gibt es kein Versteckspiel mehr. Dann ist alles offenbar. Seinem Licht sind wir unentrinnbar.

David hat uns das im Psalm 139 in großer Meisterschaft gezeigt:

> Wohin soll ich gehen vor deinem Geist, wohin soll ich fliehen vor deinem Angesicht?
> Führe ich gen Himmel, so bist du da;
> bettete ich mich bei den Toten, siehe, so bist du auch da.
> Nähme ich Flügel der Morgenröte
> und bliebe am äußersten Meer,
> so würde auch dort deine Hand mich führen
> und deine Rechte mich halten.
> Spräche ich: Finsternis möge mich decken
> und Nacht statt Licht um mich sein, so wäre auch Finsternis nicht finster bei dir, und die Nacht leuchtete wie der Tag.
> Finsternis ist wie das Licht.

3. Die Aufgabe des Heiligen Geistes ist aber noch nicht damit erfüllt, dass er bei uns alles aufdeckt. Er lässt uns nicht in unserer Verzweiflung. Wenn er uns nur unsere Sünde zeigt ohne den Weg der Vergebung und des Heils, dann sind wir verloren. Aber das gehört zu seinem Dienst, dass er uns mit seinem Licht erleuchtet und uns dann Jesus zeigt, der mit unserer Sünde fertig geworden ist. In der Nacht unserer Schuld leuchtet das Kreuz. Das ist das Werk des Heiligen Geistes, dass wir das Sühneopfer Jesu verstehen und im Glauben ergreifen können. Wie Jesus der Mittler Gottes ist, so ist der Heilige Geist der Mittler zwischen Jesus und dem Vater. Ohne den Heiligen Geist ist Jesus für uns nur eine geschichtliche Person. In seinem Licht aber erkennen wir das Lamm Gottes, das für uns geblutet hat.

Luther hat das in seiner Erklärung zum zweiten Glaubensartikel so meisterhaft gesagt:

> »Der mich verlorenen und verdammten Menschen erlöset hat, erworben und gewonnen von allen Sünden, vom Tode und von der Gewalt des Teufels, nicht mit Gold oder Silber, sondern mit seinem heiligen und teuren Blut und seinem unschuldigen Leiden und Sterben, auf dass ich sein eigen sei.«

Es ist mir nicht möglich, dieses Erlösungswerk Jesu, seinen Sieg über Sünde und Hölle, in wenigen Minuten angemessen darzustellen. Wir brauchen die Ewigkeit, um zu begreifen, was auf Golgatha geschehen ist. Lassen Sie mich an einem einzigen historischen Beispiel den Grundgedanken des Opfertodes Jesu andeuten. Aus der Französischen Revolution ist uns eine kleine Episode überliefert. Es war die Zeit, in der die Köpfe der Adligen unter der Guillotine rollten. Eine adlige Dame saß mit ihrer Zofe im Gefängnis. Es war die Nacht vor ihrer Hinrichtung. In diesen Nachtstunden beteten die beiden Frauen. Da machte die Zofe ihrer Herrin den Vorschlag, die Kleider zu wechseln. Das einfache Mädchen wollte für ihre Herrin auf dem Schafott gehen. Der Tausch wurde vollzogen. Die adlige Dame gelangte in den Kleidern der Zofe ins Freie. Das Mädchen aber nahm stellvertretend den Tod auf sich.

Dieses kleine Ereignis am Rande der blutigen Wirren hat nur den einen Sinn: Stellvertretung. So war

Jesus unser Stellvertreter vor Gott. Er ist hineingestiegen in unsere Schuld, in unser Elend, nahm auf sich unsere Sünde, nahm auf sich das Gericht Gottes – er ist unser Stellvertreter, mit dem wir durchkommen. Wir sind frei durch ihn. Wir sind die Losgekauften. Er hat den Preis bezahlt. Uns ist damit alles geschenkt. Ob wir ermessen können, was das bedeutet?

Paulus triumphiert: »Der Stachel des Todes ist die Sünde, Gott aber sei Dank, der uns den Sieg gegeben hat durch unseren Herrn Jesus Christus.« Dieser Sieg Jesu über Satan und die Sünde hat Konsequenzen. Wer einen Krieg verliert, muss sich nach dem Kommando des Siegers richten. Jesus hat das letzte Wort über den Fürsten der Finsternis und sein Heer. Jesus will aber auch das Kommando über uns haben.

II. Wir fragen also: Wie lebt man vom Sieg Jesu her?

Auf diese Frage sind schon falsche Antworten gegeben worden. Sie sollen kurz angedeutet werden.

1. Gerade unter sehr eifrigen Gläubigen ist schon der Gedanke entstanden: Wenn Jesus über die Sünde gesiegt hat, dann brauchen wir nicht mehr zu sündigen. Es entstand also eine Lehre der Sündlosigkeit, die in der Kirchengeschichte unter dem Ausdruck Perfektionismus bekannt ist. In der Tat gibt es im 3. Kapitel des Johannesbriefes einige Bibelstellen, die in diesem Sinne interpretiert werden können.

So heißt es in Vers 6: »Wer in ihm bleibt, der sündigt nicht.« Und in Vers 9 steht: »Wer aus Gott geboren ist, der sündigt nicht.« Das sind Worte, die schon viele Gotteskinder in Not gebracht haben. Eine ausführliche Auseinandersetzung ist hier nicht möglich. Vielleicht haben wir diese Stellen so zu verstehen, dass Jünger Jesu nicht mutwillig, nicht absichtlich, nicht bewusst sündigen. Auf jeden Fall gibt es im Leben keine Sündlosigkeit. Die Verfechter endeten gewöhnlich in bösen Entgleisungen.

2. Die zweite Irrlehre auf diesem Gebiet ist der Quietismus. Man versteht darunter eine falsche Sicherheit. Man kann die Hände in den Schoß legen und sich zufriedengeben, dass Jesus am Kreuz die Sünde besiegt hat. Wir haben dann nichts mehr zu tun und finden uns eben mit unserer Natur oder Unnatur ab. So ist schon oft darauf hingewiesen worden, dass Luthers Wort »Justus simul peccator« – gerecht und zugleich Sünder – für viele zum Ruhekissen geworden ist.

Beide Wege, der Perfektionismus und der Quietismus, sind Gewichtsverlagerungen, Akzentverschiebungen und entsprechen nicht dem biblischen Weg. Es ist eine Eigenart der Heiligen Schrift, dass die Wahrheit gewöhnlich in der Mitte, in der Spannung zwischen zwei Aussagen zu finden ist. Am besten können wir dies aus dem Pauluswort Philipper 2,12-13 ersehen. »Schaffet eure Seligkeit mit Furcht und Zittern; denn Gott ist's, der da wirkt Wollen und das Vollbringen.« Vers 12 redet so, als ob alles vom Menschen abhinge. Vers 13 zeigt, dass Gott alles wirkt. Das sind keine Gegensätze, sondern die echte biblische Antinomie, das Spannungsverhältnis der Wahrheit.

3. Unser Alltagsleben ist aber nicht von theologischen Auseinandersetzungen, sondern von der Praxis bestimmt. Wir fragen also, wie sich der Sieg Jesu in unserem täglichen Leben verwirklicht. Es gibt Siege an der inneren und an der äußeren Front unseres Alltags. Lassen Sie mich die Geschichte eines meiner Schulfreunde erzählen. Er gab mir die Erlaubnis zu der Veröffentlichung. Wir haben beide schon in der Zeit des Gymnasiums den Herrn Jesus gefunden und hatten tägliche Gebetsgemeinschaft. Nach dem Abitur studierten wir beide Theologie und wurden später Pfarrer der Badischen Landeskirche. Während seines Studiums hatte dieser Freund ein einschneidendes Erlebnis. In den Ferien arbeitete er mit einer Gruppe von Studenten auf einem Bauernhof. Unter den Jungen war nur ein Mädchen, eine Medizinstudentin. Dieses Mädchen war der Dämon der Gruppe. Sie verführte alle 19 Studenten. Nur mein Freund widerstand ihr. Hinter seinem Rücken prahlte sie oft: »Den keuschen Josef bringe ich auch so weit.« Eines Abends, es war schon gegen elf Uhr, hörte mein Freund Schritte in seinem Zimmer. Er machte Licht. Da saß diese Studentin schon an seinem Bett. Sie war durchs Fenster eingestiegen. Mein Freund war noch nie in seinem Leben einer solchen Versuchung ausgesetzt. Er sah in diesem Augenblick aufs Kreuz Jesu und gewann von dort her die Kraft zu einem klaren Nein. Er schob das Mädchen zur Tür hinaus, schloss Tür und Fenster und war durch

Das war ein Sieg, der sich aus dem Sieg am Kreuz ableitete. Der große Sieg zieht kleine Siege nach. Das ist die veränderte Situation, in der wir uns seit Golgatha befinden. Satan flieht, wenn er uns beim Kreuze sieht. In einem Lied heißt es:

> Triumphierend brach das Lamm
> Satans Macht entzwei.
> Durch das Blut am Kreuzesstamm
> sind wir alle frei.

4. Nicht immer sind Siege so dramatisch und so schnell erkämpft. Ich erhielt einmal in Graz in Österreich von einer Katholikin eine gute Lektion. Ich hatte eine Evangelisation in der Heilandskirche. Da Graz katholisch ist, saßen auch viele Katholiken in der evangelischen Kirche. Nach einem Vortrag sprach mich eine ältere katholische Frau an und erzählte mir aus ihrem Leben. Sie berichtete, dass sie ein großes Wohnhaus mit vielen Mietsparteien besäße. Unter den Mietern war eine Frau, die allen anderen Hausgenossen auf die Nerven ging. Niemand kam mit ihr aus. Sie fing mit allen Streit an, auch mit der Hausbesitzerin. Die katholische Hausbesitzerin war aber eine wahrhaft christliche Frau. Sie versuchte alles, um mit der zänkischen Frau fertig zu werden. Es wollte nicht gelingen. Schließlich sagte sie im Gebet: »Herr Jesus, du stehst zwischen dieser Mieterin und mir. Alles, was sie sagt und mir antut, muss erst an dir vorbei.« Damit hatte diese Katho-

likin das Geheimnis des Überwindens gefunden. Sie schaltete immer Jesus dazwischen. An ihm brachen die zornigen Wellen und Angriffe. Damit kam die gläubige Katholikin innerlich zur Ruhe. Wie war ich dankbar für diesen Bericht! Die katholische Frau hatte mir, dem evangelischen Pfarrer, eine biblische Lektion erteilt.
Im Volk Gottes gibt es mehr verborgene Siege, als wir wissen und ahnen. Das zeigt, dass der Sieg auf Golgatha, der in dem Ruf Jesu gipfelt: »Es ist vollbracht«, seine Auswirkungen hat.
Menschen, die sich selbst überwinden, erringen Siege an der inneren Front. Wir haben das bei dem Erlebnis des Freundes gesehen und bei dieser katholischen Frau. Wer an der inneren Front siegen will, muss vom Kreuz her leben. Aus eigener Kraft gelingen solche Siege nicht. Wenn wir unter der Fahne des Siegers stehen, dann haben wir Anteil an seinem Sieg. Der siegreiche Heerführer nimmt seine Truppen mit in den Sieg. Die zweitausendjährige Kirchengeschichte legt davon beredtes Zeugnis ab. Ein französischer Kaufmann hat einmal gesagt: »Wenn es den Theologen und den schlechten Christen in 1900 Jahren nicht gelungen ist, das Christentum auszurotten, dann muss etwas dran sein.« Dieser Mann hat Recht. Jesus hat sogar gesagt: »Und die Pforten der Hölle sollen die Gemeinde nicht überwältigen.« Die Position des Sieges Jesu konnte in zwei Jahrtausenden nicht umgestoßen werden. Das ist der große Lichtblick im hoffnungslos dunklen Chaos unserer Zeit.

5. Es gibt auch Siege an der äußeren Front. Es gäbe viel zu erzählen von der Bewährung der Christen in der Fabrik, im Büro, in der Armee, in der Schule und in den tausend Situationen des täglichen Lebens. Siege gibt es aber nicht nur in der Aktivität, sondern auch in der Passivität. Ist das Ertragen schwieriger Menschen, das Erleiden schlimmer Zustände nicht ein Sieg? Es gibt Menschen, denen man hier auf Erden wenig anmerkt, die aber dort in der Ewigkeit einen Siegeskranz erhalten. Wer nicht verbittert ist, wer nicht hadert mit einer unheilbaren Krankheit, der ist ein Sieger. Wer nicht verzweifelt, weil er im Leben zu kurz gekommen ist, der ist ein Sieger. Alle diese heimlichen Sieger möchte ich an dieser Stelle grüßen und bitten: »Verliert nicht den Mut! Der große Gott wird eines Tages für einen Ausgleich sorgen. Was kein Auge gesehen und kein Ohr gehört hat, und in keines Menschen Herz gekommen ist, das hat Gott denen bereitet, die ihn lieben.«

6. Es gibt viele Formen des Sieges. Die Heilige Schrift predigt nirgends müde Resignation. Es ist nicht die Rede von lähmendem Verzicht. Es gibt eine Botschaft des Sieges in der Bibel. Hören wir solche Worte. In Psalm 84,8 heißt es: »Sie gehen von einer Kraft zur andern.«

In Luthers Lieblingspsalm 118 steht: »Man singt mit Freuden vom Sieg in den Hütten der Gerechten. Die Rechte des Herrn ist erhöht. Die Rechte des Herrn behält den Sieg.« Paulus bezeugt in 2. Korinther 2,14: »Gott sei Dank, der uns allezeit Sieg gibt.« Was macht den Sieg aus? Wissen wir ihn unverlierbar?

Nicht aus eigener Kraft, sondern durch IHN. In Offenbarung 12,11 sagt Johannes: »Sie haben Satan überwunden durch des Lammes Blut.«

Überwunden durch das Blut
jauchzt ein siegend Heer,
voll von heilger Dankesglut
am kristallnen Meer.
Triumphierend brach das Lamm
Satans Macht entzwei.
Durch das Blut am Kreuzesstamm
sind wir alle frei.

KRANKHEIT

Markus 6,53-56

Es liegt einige Jahre zurück. Ich evangelisierte in einer Industriestadt. Für die gleiche Woche war in der Stadthalle die Vortragsreihe eines anderen Evangelisten angesagt. Im Grunde macht es wenig Sinn, dass sich christliche Kreise manchmal nicht verständigen und solche Parallelveranstaltungen durchführen. Der Redner in der Festhalle gehörte aber einer Richtung an, die wenig oder gar nicht nach der Evangelischen Allianz fragt. Was mich an der Werbung für diesen anderen Evangelisten störte, war die Ankündigung, dass er der Mann sei, durch den in Europa die größten Wunder geschehen. Wie kann man nur einen Reichgottesarbeiter so ankündigen! Wird auf diese Weise nicht das Bild dessen verdunkelt, der allein die wahren Wunder wirken kann?
Ich hatte die Gelegenheit, eine Versammlung des anderen Evangelisten zu besuchen. Die Festhalle war mit etwa 2500 Menschen gefüllt. In den ersten zehn, fünfzehn Reihen saßen die vielen Kranken, die aus dem ganzen Land gebracht worden waren. Menschen mit Krücken, auf Tragbahren, im Rollstuhl oder von Begleitpersonen geführt! Ein Bild des Jammers! Ein Heer des Elends! Etwa 600 dieser bedauernswerten Menschen waren anwesend. Wem geht so viel menschliches Elend nicht zu Herzen! Nach der Predigt stieg der Evangelist vom Podium und wandte sich den Kranken zu. Er ging durch die

Reihen der Menschen, die ihm mit ihren Blicken folgten. Einigen legte er die Hände auf und sagte: »Im Namen Jesu bist du gesund.« Aber sie waren danach nicht gesund. Sie verließen den Saal, wie sie gekommen waren. Nur die Verzweiflung blieb diesen Unglücklichen, denen man zu allem Unglück auch noch sagte: »Ja, du glaubst eben nicht, sonst wärst du gesund geworden!«
Das ist ein persönliches Erlebnis, das mir nicht nur die tausendfältige Not der Menschheit zeigt, sondern auch die Machtlosigkeit von uns Reichgottesarbeitern, die wir den Namen Jesu gebrauchen und keine geistliche Vollmacht dazu haben. Dass ich von uns Reichgottesarbeitern spreche, soll andeuten, dass es hier nicht um Kritik geht, obwohl ich die Art und Weise dieser Krankenbehandlung niemals gutheißen kann. Dieses bedrückende Erlebnis lehrt uns auch, dass wir uns nicht an Menschen klammern, die uns nur Enttäuschungen bringen. Wirkliche Hilfe finden wir woanders.

I. Generalmobilmachung der Kranken

Mit dem erzählten Beispiel haben wir eine erste Einfühlung in unseren Text. Dieser Heilungsversammlung in der Stadthalle ging ein »Aufmarsch« der transportfähigen Kranken der Region voraus. Einer solchen Generalmobilmachung der Kranken begegnet uns in unserem Text. Die Verse 55 und 56 lauten: »Die Leute liefen in alle die umliegenden Länder und fingen an, die Kranken herbeizuführen auf

Betten, wo sie hörten, dass er war. Und wo Jesus in die Märkte oder Städte oder Dörfer hineinging, da legten sie die Kranken auf den Markt und baten ihn, dass sie nur den Saum seines Kleides anrühren möchten.«

Welch ein Treiben hier! Die Nachricht von der Ankunft des Jesus von Nazareth macht die Runde. Einer erzählt es dem anderen: »Hast du es schon gehört, der große Wundertäter aus Nazareth ist angekommen. In Kapernaum hat er einen Gichtbrüchigen geheilt. Ja, ein totes Mädchen hat er sogar auferweckt. Das ist der Mann, den wir hier brauchen.« So lief es von Mund zu Mund. Wer Kranke in der Verwandtschaft hatte, der eilte hin und überbrachte die Neuigkeit. Sie eilten in die Nachbardörfer und riefen: »Hilfe ist gekommen. Der große Heiler aus Nazareth ist mit dem Boot über den See gekommen.« Überall bereiteten sie Bahren vor, wie in Kapernaum. Sie scheuten keine Mühe. Sie schleppten die Schwerkranken kilometerweit. Sie rätselten, wo sie dem großen Wundertäter am ehesten begegnen könnten. Sie stellten die Bahren an den bekanntesten Durchgangsstraßen auf. Was spielte sich alles in den Herzen der Wartenden ab? Mit welchen Gesprächen füllten sie die Stunden aus, bis Jesus in ihr Dorf kam? Die meisten schwankten zwischen Furcht und Hoffnung. »Ist es wahr, dass uns noch geholfen werden kann?« dachten die einen. »Ist er nicht ein Scharlatan oder ein Menschenfänger?« fragten die anderen. Wieder andere lästerten: »Es kann doch nicht wahr sein, dass er ein totes Mädchen auferweckt hat. Ist dieser Mann nicht mit dem Teufel im Bunde?« Eines war sicher. Jesus von Nazareth war der Mittelpunkt des Tagesgesprächs. An ihm schieden sich die Geister. Verächtliche Urteile bei den einen. Zweifel und Hoffnung bei den anderen. Fieberhafte Aktivität bei den Dritten. Und weil die aktive Anteilnahme am Schicksal der Kranken glücklicherweise über Unglauben und Zweifel siegt, überwog auch in der Ebene Genezareth die dritte Gruppe. Wir sind froh darüber, denn es ist etwas Gutes dabei herausgekommen.

II. Die Tragik der Sendung Jesu

Die Meinungen über die Person Jesu gingen weit auseinander. Und doch scheiterten alle Gruppen an einem Punkt. Worum ging es den Menschen in der fruchtbaren Ebene von Galiläa eigentlich? Wollten sie Jesus begegnen, um sein Wort zu hören? Suchten sie die Begegnung mit dem verheißenen Messias? Hatten sie ein Gespür dafür, dass die Zeit erfüllt war und der Sohn Gottes mitten unter ihnen war? Nichts von alledem. Nein, es lag eine große Tragik in dem Verhalten des Volkes. »Jesus kam in sein Eigentum, und die Seinen begriffen es nicht.« Was war der Grund, warum alle Menschen aus der ganzen Umgebung zusammenliefen? Es ging ihnen nur um die Heilung der Kranken, nicht um das Heil. Wie modern waren diese Menschen damals! Sie praktizierten echte Mitmenschlichkeit und – gingen an der Hauptsache vorbei. Soziale Fürsorge, karitative Hilfe waren ihnen jederzeit willkommen, die Botschaft der Umkehr brauchten sie nicht. Ein uraltes und immer wieder neues Problem: Körperliche Fürsorge hochwillkommen – Seelsorge nicht gefragt. Sozialer Materialismus war die gängige Münze, den persönlichen Retter und Heiland brauchte man nicht. Der Sohn Gottes wurde damals – wie heute in der modernen Theologie – in seiner Sendung nicht erkannt.

2. Und noch ein Missverständnis liegt in unserem Text. Das Volk war beherrscht von einer zum Teil abergläubischen Kraftvorstellung. Ihre Losung lautete: »Wenn wir nur den Saum seines Gewandes berühren können, wird uns geholfen.« Im Neuen Testament findet sich diese Vorstellung mehrfach. In der Apostelgeschichte wird zum Beispiel berichtet, dass man die Kranken so hinlegte, dass der Schatten der Apostel auf sie fiel. Oder man benutzte Taschentücher der Apostel, um Kranke zu heilen. Man glaubte, dass ein Gegenstand mit Kraft geladen sei. Es ging nicht um die persönliche Beziehung, sondern um ein energiegeladenes Mittlerstück. Ich möchte hier nicht missverstanden werden. Ich glaube an den Wahrheitsgehalt dieser Berichte. Ich mache keine Abstriche an der Heiligen Schrift und bin kein Bibelkritiker. Ich will nur darauf hinweisen, dass dieses Volk keineswegs auf der Höhe des neutestamentlichen Glaubens stand. Das hätte Jesus bis zu diesem Zeitpunkt auch noch nicht erwarten können. Er traf nur einzelne an, denen schon sehr früh die Augen des Glaubens geöffnet waren. Zu diesen

wenigen gehörte der römische Hauptmann, der zu Jesus sagte: »Sprich nur ein Wort, so wird mein Knecht gesund.« Zu diesen einzelnen gehörte auch das blutflüssige Weib, deren kindlicher Glaube Jesus ehrte.

Wenn wir die in unserem Text auftauchende Tragik der Sendung Jesu noch einmal zusammenfassen wollen, so müssen wir zwei Punkte nennen:

a) Das Volk war blind für die eigentliche Sendung Jesu.

b) Die Menschen suchten keine persönliche Beziehung oder Begegnung mit ihrem Messias, sondern nur Heilung und die Erfüllung ihrer zeitgebundenen Machtvorstellungen.

3. Und doch besaßen diese Menschen etwas, das jederzeit nachahmenswert ist. Sie brachten die Kranken zu ihm. Diese Tatsache wiegt alle geistliche Kurzsichtigkeit auf. Obwohl sie nicht wussten und ahnten, was Jesus bedeutet, taten sie unbewusst das Richtige. Sie schleppten die Schwerkranken auf langen Wegen herbei und legten sie Jesus in den Weg. Sie waren dabei die Handlanger des Herrn. Sie opferten Zeit und Kraft. Dabei waren sie von Hilfsbereitschaft und Barmherzigkeit beseelt. Ohne es zu wissen, waren sie die heimlichen Boten Jesu. Das gibt es auch heute noch.

III Ruhe in der Unruhe

Bisher haben wir uns mit den Menschen beschäftigt, aber nicht mit dem, der im Zentrum dieser Aktivi-

täten steht.
1. Bei aller Geschäftigkeit und Aktivität des Volkes bleibt er still. Am Abend zuvor waren die 5000 Menschen gespeist worden. In der Nacht war Jesus auf einem Berg, um zu beten. Dann begegnete er seinen Jüngern, die im Sturm auf dem See Not litten. Am Morgen erlebte er den Ansturm des Volkes mit seinen Kranken. Jesus kam aus der Einsamkeit vor Gott. Er trat aus der Atmosphäre des Gebets in die Unruhe der Menschen. Wer an die Kraftquellen Gottes angeschlossen ist, wird von der Hetze und dem Lärm der Mitmenschen nicht umgeworfen. Wer in der Dimension Gottes steht, bewältigt auch den stürmischsten Tageslauf. Jesus ist in die Ruhe und in den Frieden seines Vaters eingebettet. Das ist der Hinweis des Textzusammenhangs. Nur aus dieser Ruhe Gottes heraus geschieht Echtes. Viele der vermeintlichen Wundertäter unserer Zeit, um die so viel Aufhebens gemacht wird, kommen nicht aus dieser Stille Gottes, sondern sind lärmende Menschen. Was soll dabei Gutes herauskommen?
2. Unser Text eröffnet uns aber auch andere Seiten Jesu. Die Kranken bitten ihn, nur den Saum seines Gewandes berühren zu dürfen. Er erlaubt es ihnen. Was bedeutet das? Er lässt sich auf ihre Vorstellungen ein. Er enttäuscht ihre Erwartung nicht, die zwischen Aberglauben und Glauben steht. Jesus beweist damit, dass er einerseits ganz in der Atmosphäre des Vaters ist, andererseits aber auch ganz in der Not des Volkes. Er schwebt nicht unnahbar über der Menge, sondern er gibt sich den Menschen hin, er gibt sich

in ihre Hände, er lässt sich berühren. Im Propheten Nahum 1,7 steht das Wort: Theos chrestos. Luther hat übersetzt: Der Herr ist gütig. Worin besteht diese Güte Gottes? Das Wort chrestos kommt von chrao = brauchen, gebrauchen. Nach dieser Grundbedeutung übersetzt heißt der Ausdruck dann: Der Herr lässt sich gebrauchen. Was dort in der Ebene von Genezareth geschieht, zeigt: Er lässt sich gebrauchen, er lässt sich in Anspruch nehmen. Er hat ein Ohr für die Kranken, er hat Zeit, er hat heilende Hände für sie.

3. Wird damit nicht eine weitere Seite seines Messiasamtes deutlich? In Matthäus 9,36 heißt es von ihm: »Als er das Volk sah, jammerte es ihn.« Ihr Leid ist sein Leid, ihr Schmerz ist sein Schmerz. Er fühlt sich hinein, er stellt sich hinein in ihre Situation. Weil er ganz auf der Seite des Vaters steht, kann er auch ganz auf der Seite des elenden Menschen stehen. Nur wer mit dem einen ganz ist, ist auch mit dem anderen ganz. Man kann dem Nächsten nur so dienen, wie man vor dem Herrn steht. Jesus ist nicht nur von der Herrlichkeit Gottes herabgestiegen, sondern auch in das äußerste Elend der Menschen. Deshalb ist kein Leidender unverstanden. In Jesaja 49,13b heißt es: Der Herr erbarmt sich seiner Elenden. In Christus hat sich das erfüllt. Seien wir getrost, wenn wir zu den Elenden gehören! Den Elenden Gottes geht es gut. Sie haben besondere Verheißungen in der Bibel.

Psalm 10,17: Das Verlangen der Elenden hörst du, Herr.

Psalm 147,6: Der Herr richtet auf die Elenden.
Psalm 149,4: Der Herr hilft den Elenden herrlich.
Jesaja 66,2: Ich sehe an den Elenden.
Auch im Neuen Testament haben wir die besonderen Verheißungen für die Heimgesuchten, für die Gestrandeten, für die Zerschlagenen. In Matthäus 11,28 ruft der Herr den Elenden zu: »Kommt her zu mir, alle, die ihr mühselig und beladen seid; ich will euch erquicken.«
Der Herr ist zu den Elenden gesandt und ruft die Elenden zu sich. In meiner englischen Bibel las ich einmal an einem Tag, an dem ich heftig angegriffen und verleumdet wurde: Jesaja 61,1: (Er hat mich gesandt, den Elenden zu predigen.) »He sent me to set free the downtrodden« – »Er hat mich gesandt, die Zerschlagenen frei zu machen«. Die englische Übersetzung ist noch stärker als der lutherische Text. Wer nun zu den Elenden gehört, zu den Zerschlagenen, der freue sich. Für ihn ist Jesus gekommen, für ihn ist er da. In dem Lied »In dir ist Freude« heißt es:

> Du hast‘s in Händen,
> kannst alles wenden,
> wie auch heißen mag die Not.

IV. Anbruch des Reiches Gottes

Wundert es uns, dass bei diesem Hineinsteigen des Gottessohnes in das Elend des Volkes echte Heilungen geschehen? Das sind keine Suggestionen und psychischen Aufpeitschungen, das ist ein wirkliches Geschehen! Wenn Jesus da ist, ist die messianische Zeit angebrochen. Die Zeit ist erfüllt. Das Reich Gottes hat begonnen, auch wenn es den Augen des Volkes noch verborgen ist. Alle, die Jesus anrührten, wurden gesund. Hier braucht man keine seelischen Druckmittel, keine Drängerei und Treiberei, kein Aufpeitschen der Stimmung, keine sentimentale Musik, kein Händeklatschen, keine seligen Zwischenrufe, keinen verzückten Augenaufschlag. Echtes Wunder braucht keinen Lärm. Wenn Jesus, der Sohn Gottes, wirklich herabgekommen ist vom Himmel – und es ist geschehen –, dann sind echte biblische Heilungen nur ein natürlicher Ausdruck seiner Gegenwart und Hilfe. Und wer keine Heilung erfährt, kann dennoch die Herrlichkeit Gottes erfahren. Wir können mit oder ohne Glaubensheilung in die Ewigkeit eingehen. Aber ohne Wiedergeburt kommen wir nicht in sein Reich. Über die Heilung kommt das Heil, die Errettung. Letztlich geht es nicht um seine Kraftwirkungen, sondern um die Lebensgemeinschaft mit ihm.

V. Die Aktualität des Textes für die Gegenwart

Wir fragen uns nun, ob unser Text den Menschen des 20. Jahrhunderts erreichen und berühren kann. Obwohl sich unser Weltbild in den letzten zweitausend Jahren verändert hat, ist das menschliche Herz mit seinen Nöten gleich geblieben. Deshalb gibt es in unserem Text viele Berührungspunkte zwischen der Zeit Jesu und unserer Gegenwart. Wie vor zweitausend Jahren steht auch heute Jesus von Nazareth im Mittelpunkt der Meinungen. An ihm scheiden sich auch heute noch die Geister.

1. Es gibt Lästerer wie damals. Eine kleine Episode dazu. Als ich auf den Philippinen evangelisierte, hatte ich einen seelsorgerlichen Kampf mit einem besessenen Theologiestudenten. Wenn ich den Namen Jesu im Gebet erwähnte, brüllten Stimmen aus ihm: »Don't mention this name, we cannot stand it« – Erwähne nicht diesen Namen, wir können ihn nicht ertragen.

Bei einer Evangelisation in einer westdeutschen Stadt wurde ich nach dem Gottesdienst von einer Frau aufgesucht. Sie bat mich in der Sakristei, ich möchte nach Jakobus 5,14 unter Handauflegung mit ihr beten. Ich fragte sie zuerst: »Wie stehen Sie zu Christus?« Da wurde sie wütend und schrie: »Lassen Sie mich mit Ihrem Jesus in Ruhe. Ich will nur gesund werden.« Ich antwortete: »Wenn Sie Jesus ablehnen, habe ich nicht die Freiheit, mit Ihnen unter Handauflegung nach Jakobus 5,14 zu beten.« Bei dieser Antwort sprang sie auf und verließ zornig den Raum.

2. Es gibt auch Zweifler und Kritiker wie damals. »Was kann Gutes aus Nazareth kommen?«, hieß es in jener Zeit. »Alles Volk läuft ihm nach«, knurrten die Pharisäer, die Vertreter einer strengen Tempelreligion. Heute hören wir tausend ähnliche Stimmen. In Marburg sagte ein Vertreter der modernen Theologie: »Jesus von Nazareth war nicht Gottes Sohn, er hatte nur das Bewusstsein der Gottessohnschaft.«

Ähnlich äußerte sich ein Theologe in Frankfurt: »Die Weihnachtsgeschichte ist eine Legende, wir sollten das Weihnachtsfest abschaffen.« In Mainz meinte ein Dozent derselben Linie: »Vergebung heißt, dass wir zu uns selbst ja sagen.« In Tübingen sagte man: »Die Vorstellung der Präexistenz Jesu, Jungfrauengeburt, Auferstehung, Himmelfahrt, Wiederkunft sind dem modernen Menschen nicht zumutbar.« In einer lutherischen Zeitschrift aus Witten/Ruhr wurde ich selbst auch persönlich angegriffen, weil ich mit der Existenz Satans und der Dämonen rechne. Der Autor des Artikels sagte: Ich wollte nur ein überkommenes Denkschema nicht aufgeben. Hat Luther also nur einem überkommenen Denkschema wieder zum Sieg verholfen? Dass eine solche Zeitschrift sich lutherisch nennt! Es ist ja mit Händen zu greifen, was diese auf der ganzen Welt um sich fressende Irrlehre zu bedeuten hat. Der falsche Prophet der Endzeit ist am Werk. Nur merken es seine Jünger nicht.

3. Falsches Prophetentum gibt es auch im anderen Extrem. Unser Text zeigt die seltsamen Kraftvorstellungen der Zeit Jesu. Jesus sah darüber hinweg oder erkannte darin den keimenden Glauben. Heute, nachdem uns das ganze Neue Testament vorliegt, haben wir kein Recht mehr, solchen Kraftvorstellungen zu huldigen. Und doch gibt es sie überall auf der Welt. So bin ich in Afrika auf den Brauch gestoßen, schwarze Taschentücher an Kranke zu verteilen. Die Kranken sollten durch diese gesegneten Taschentücher gesund werden. In Brasilien traf ich den glei-

chen Vorgang. Man händigte mir ein solches Taschentuch aus. Darauf stand die bekannte Bibelstelle Apostelgeschichte 19,12. Den Vogel schoss jedoch ein deutscher Pfarrer ab. Bei einer großen Massenversammlung rechtfertigte dieser Theologe die Verteilung gesegneter Taschentücher an Kranke. Er berief sich dabei auf die schon erwähnte Bibelstelle Apostelgeschichte 19,12. Nach dieser seltsamen Rechtfertigung wurden dann Kisten mit Taschentüchern hereingebracht, die von einem amerikanischen Heiler gesegnet wurden. Es ist erstaunlich, dass ein deutscher Theologe sich dazu hergibt. Das sind keine biblischen Vorgänge mehr, auch wenn die Ansätze dazu im Neuen Testament stehen. Das ist frommer Aberglaube. Wir haben das Wort Gottes, wir haben Jesus selbst, darum brauchen wir keine kraftgeladenen Vermittler, keine geistlichen Kraftträger. Jesus selbst – das ist die Tendenz, der Skopus, das Ziel unseres Textes.

Damit kommen wir zum Höhepunkt unseres Abschnitts. Es gibt einen deutlichen Bruch in unserem Text in Vers 56. Das Volk, die Kranken wollten nur den Saum seines Gewandes berühren. Als sie das taten, erlebten sie eine Verwandlung. Es ging nicht mehr um den Saum seines Gewandes, sondern um ihn selbst. Der Glaube wandelte sich vom Dinglichen zum Persönlichen. Er selbst – kein frommer Ersatz!

Ihn brauchen wir, keine fromme Reliquie.
Ihn brauchen wir, keine große Idee.
Ihn brauchen wir, nicht nur die mitmenschliche Hilfe.
Ihn brauchen wir, keine bestechende Philosophie.
Ihn brauchen wir, keine neue auf den Menschen zugeschnittene Theologie.
Ihn brauchen wir, nicht nur eine christliche Tradition.

Man kann sich mit der Bibel beschäftigen, man kann am gottesdienstlichen Leben teilnehmen und lebt doch an Jesus vorbei. Man kann Jesus von Nazareth als historische Persönlichkeit anerkennen, man kann ihn als den wunderbarsten Vertreter der Mitmenschlichkeit ehren und geht doch an ihm vorbei. Ein Kernphysiker hat mich auf ein wunderbares Gleichnis aufmerksam gemacht. Manchmal kann man Raben beobachten, die auf einer Hochspannungsleitung sitzen. Sie umklammern mit ihren Füßen einen Draht, durch den eine Spannung von 100.000 Volt fließt, aber die Vögel merken nichts davon, obwohl sie darauf sitzen. So gibt es Menschen und Theologen, die sitzen in der Gemeinde und spüren nichts von dem Geist, der durch die Bibel und die Gemeinde fließt. Wer Jesus nur mit dem Verstand anfasst, wie es die modernen Rationalisten tun, der sitzt wie ein Rabe auf der Leitung. Nur wer Jesus im Glauben berührt, erfährt sein Heil. Ihn, den Herrn Jesus selbst, brauchen wir, nicht die schwarzen Raben auf der Leitung.

Ich brauch dich allezeit,
du gnadenreicher Herr.
Dein Name ist mein Hort,
dein Blut mein Freudenmeer.

Ich brauch dich allezeit,
o Jesu, steh mir bei,
dass ich bis in den Tod
dir bleibe stets getreu.

Ich brauch dich allezeit,
führ mich nur, wie du willst.
Ich harre auf dein Wort,
bis du es ganz erfüllst.

Ich brauch dich allezeit,
Herr Jesu, Gottes Sohn,
mit dir ererb ich einst
des ewgen Lebens Kron.

TOD

2. Tim. 1,10: *Christus hat dem Tod die Macht genommen*

Es war am 12. Oktober 1964 in der lutherischen Kirche in Sittensen. Ein Religionsgespräch unter der Leitung von Herrn Landesbischof Dr. Lilje war vorgesehen. Die Referenten waren Herr Prof. Dr. Künneth, Vertreter der biblischen Theologie, und Herr Prof. Dr. Fuchs, Vertreter der sogenannten modernen Theologie. Dieses Religionsgespräch in Sittensen hat in der Kirchengeschichte eine größere Bedeutung als etwa das Marburger Religionsgespräch zwischen Luther und Zwingli. Dort ging es im Wesentlichen um eine Abendmahlsdiskussion. Sind Brot und Wein wirklich Leib und Blut Jesu oder nur Symbole? Luther hatte damals hoc est – das ist – vor sich auf den Tisch geschrieben. In Sittensen ging es um mehr. Entsprechen die Aussagen unseres Glaubensbekenntnisses historischen Ereignissen oder sind sie nur zeitgebundene Vorstellungen der Urgemeinde? Sind es nur nachträgliche Interpretationen der ersten Christen? Als Prof. Fuchs die letztgenannte Überzeugung äußerte, entstand eine »unprogrammierte Störung«. Die 1200 Teilnehmer des Religionsgespräches in der Kirche nahmen die »moderne« Deutung nicht an, sondern stimmten spontan das alte Osterlied an:

Christ ist erstanden von der Marter alle,
des solln wir alle froh sein,
Christ will unser Trost sein, Kyrieleis.

Dieses Lied war nicht nur ein Protest gegen die moderne Irrlehre, sondern ein Bekenntnis zu Jesus, dem gekreuzigten und auferstandenen Sohn Gottes.

I. Vom Grauen des Todes

Wir haben diese Siegesstimmung über den Tod zu untersuchen.

1. Die erste Frage, auf die wir stoßen, ist die des Zweifels: Ist dieser Jubel nicht der sentimentale Erguss eines poetisch veranlagten Menschen? Hat sich hier ein realitätsfremder Mensch in etwas hineingesteigert, um über den toten Punkt des Lebens hinwegzukommen? Fragen wir ohne Furcht. Wir Menschen des 20. Jahrhunderts sind so abgebrüht und haben durch die beiden Weltkriege so Schreckliches erlebt, dass für Phantastereien kein Platz mehr ist. Machen wir ruhig die Augen auf und vergleichen wir die Wirklichkeit um uns herum mit diesem Siegesjubel über den Tod.

2. Spricht das Leben nicht eine andere Sprache? Es war in meiner Schulzeit. Der Zeichenlehrer brachte einen Schwung Zeichnungen mit in den Unterricht. Nach freier Wahl durften wir uns die Zeichnungen aussuchen und sie dann kopieren. Ich wählte eine Federzeichnung von Alfred Rethel. Das Bild, das ich in Angriff nahm, zeigte einen Tanzboden. Maskierte

Menschen lagen am Boden. Die Musiker eilten mit entsetzten Blicken zur Tür. Auf dem Podium stand der Tod, der mit zwei Röhrenknochen geigte. Im Hintergrund saß eine vermummte Gestalt mit einer Geißel in der Hand. Es war die Pestgeißel. Unter dem Bild stand: »Der Tod als Würger«. Der Maler wollte damit sagen: »Der Tod hat das letzte Wort über uns Menschen.« Er hat uns alle im Würgegriff. Er ist der grausame Herrscher über alle Lebenden. Das Leben ist also kein Siegesjubel über den Tod. Der Schrecken des Todes ist das vorherrschende Bild.

3. Man mag einwenden: »Dieses Bild hat seinen Schrecken verloren. Die Geißel der Pest ist dank der Medizin in der Menschheit gebrochen.« Meine Gegenfrage: »Sind in der Neuzeit nicht schrecklichere Situationen an ihre Stelle getreten? Wenn im Mittelalter die Pest in einer Stadt wütete und zehntausend Menschen in einem Monat dahinraffte, hat dann nicht im 20. Jahrhundert eine einzige Atombombe 200.000 Menschen in einer Minute getötet? Was ist schrecklicher: die Pest oder die Atomwaffen?« Es gibt noch andere Errungenschaften des modernen Menschen. Man spricht ja seit einigen Jahren von den ABC-Waffen: Atomwaffen, Bazillenkrieg, Chemische Kampfstoffe. Seit den Forschungen von Louis Pasteur und Robert Koch wissen wir um die Gefährlichkeit des Bazillus Botulinus. Gelangt er in die Blutbahn eines Menschen, ist dieser innerhalb von 15 Minuten tot. Es ist einem Biologen gelungen, diesen Bazillus in großen Kulturen zu züchten. Drei

Gramm dieser Lösung genügen, um 600 Millionen Menschen zu vergiften. Es sind noch andere Bazillen und Viren in Massen produziert und teilweise schon versuchsweise eingesetzt worden. So trat plötzlich im Koreakrieg eine geheimnisvolle Seuche unter den Soldaten auf. Ein anderes Beispiel kenne ich aus einem Beichtgespräch mit einem Agenten, dessen Aufgabe es war, in großen Fabriken Bazillen in Ampullen an die Arbeiter zu verteilen, um sie zu verseuchen. Als er aus diesem satanischen Geschäft aussteigen wollte, hatte er nur die Alternative: weitermachen oder von dem eigenen Auftraggeber liquidiert zu werden. Dieser Agent erklärte mir: »Sechs meiner Kameraden sind liquidiert worden, als sie dieses dreckige, teuflische Geschäft niederlegten. Mir geht es genauso, wenn ich es aufgeben will.« Was ist die Pest angesichts dieses Giftnetzes moderner Kriegsführung und Agententätigkeit? Ist die Fratze des Todes, die uns aus solchen teuflischen Dingen entgegengrinst, nicht schrecklicher und dämonischer denn je?

4. Doch hören wir jeden Einwand. Man mag uns entgegenhalten: »Warum das Sterben des Menschen mit so schweren Bildern belasten? Ist der Tod des Menschen nicht einfach ein biologischer Prozess, wie ihn alles pflanzliche und tierische Leben durchläuft? Die Blume blüht und verdorrt. Die Antilope im afrikanischen Grasland wird vom Löwen gejagt und bricht unter dem Prankenhieb keuchend zusammen. Das ist doch alles nur naturgemäßes Werden und Vergehen! An diesem Rhythmus ist nichts

zu ändern. Warum diesen Wechsel von Kommen und Vergehen mit so dunklen Gedanken beschweren? Take it easy – nimm es leicht!

5. Wir dürfen diesen Einwand der Biologen nicht überhören. Doch will ich wieder Gegenfragen stellen: »War das nur ein biologischer Ablauf, als Jesus in Gethsemane ausrief: »Vater, ist es möglich, so gehe dieser Kelch von mir!'?« War es nur ein Rhythmus von Werden und Vergehen, als der Sohn Gottes am Kreuz schrie: »Mein Gott, mein Gott, warum hast du mich verlassen?« Ist es nur ein ewiges Gesetz, ein steter Kreislauf des Lebens, wenn jetzt in diesem Augenblick eine Mutter am Sterbebett ihres einzigen Kindes ringt und betet? Ist es für eine solche Mutter ein Trost zu hören, dass wir alle einmal an die Reihe kommen? Eine sachliche, biologische Betrachtung von Leben und Tod ist keine Hilfe für den, der am Sarg eines geliebten Menschen steht oder sich selbst auf diesen letzten Weg vorbereiten muss.

6. Die Natur hat am Kreuzestag Jesu von der Bitterkeit des Todes mehr verstanden als die Beobachter, die unter dem Kreuz standen. Es heißt in Matthäus 27,45: »Von der sechsten Stunde an war eine Finsternis über das ganze Land bis zur neunten Stunde.« Finsternis über das ganze Land, Finsternis über die Menschen! Das Sterbenmüssen des Menschen, der Tod ist Finsternis. Der Tod ist der Sünde Sold. Wird diese Finsternis nicht an vielen Sterbebetten offenbar? Als der französische Kardinal Mazarin auf dem Sterbebett lag, rief er kurz vor seinem Ende aus:

»Du meine arme Seele, wohin gehst du? Was wird aus dir?« Ist das nicht ein trostloses Ende? Ungewissheit, Dunkelheit über dem letzten Weg!
Von einem noch schrecklicheren Tod habe ich in der Schweiz gehört. Ein berüchtigter Zauberer und Magier hatte einen furchtbaren Todeskampf. Ich habe den Bericht von seinem Schwiegersohn. Der Zauberer lag die letzten Tage unter dem Bett. Als die Verwandten ihn herausholen wollten, klammerte er sich an den Stollen des Bettes fest. Er schrie oft die Nacht hindurch: »So helft mir doch, die schwarzen Kerle binden mich mit Ketten. Sie reißen mich in den Abgrund. So helft mir doch!« In dieser Verzweiflung beendete er sein trauriges Leben. Man ahnt hier schon etwas von dem Schrecken der Hölle, die manchmal ihre Schatten vorauswirft.
Jesaja prophezeite: »Siehe, Finsternis bedeckt das Erdreich.« Davon hörten wir jetzt. Wir können das Grauen des Todes nicht abschwächen, nicht wegdeuten, nicht bagatellisieren. Der Tod lässt sich nicht totschweigen. Wir können das düstere Schicksal eines Gottesleugners auch nicht dadurch verschleiern, dass wir ihm einen christlichen Nachruf widmen und Kränze niederlegen mit der schmalzigen Widmung: Ruhe sanft! Mit frommen Pflästerchen helfen wir niemand am Rand der Ewigkeit. »Es ist schrecklich, in die Hände des lebendigen Gottes zu fallen«, sagt die Heilige Schrift (Hebr. 10,31). Aber ist das die ganze biblische Botschaft, die wir weiterzugeben haben? Nein, dann würde ich lieber schweigen.

Jesaja wusste nicht nur etwas von der Finsternis, die das ganze Land bedeckt. Sonst wäre ihm auch sein Dienst zu schwer gewesen. Wenn wir das 60. Kapitel aufschlagen, dann lesen wir im zweiten Vers: »Siehe, Finsternis bedeckt das Erdreich und Dunkel die Völker – aber über dir geht auf der Herr, und seine Herrlichkeit erscheint über dir.«
Ich bin kein »Buchstabengläubiger«, kein Freund davon, Bibelverse so lange zu paraphrasieren, bis man etwas gefunden hat. In diesem »Aber« des Jesajawortes liegt tatsächlich eine Wende der Zeiten. Der Prophet ist schier erdrückt von der Macht des Todes, aber er weiß, der Tod hat nicht das letzte Wort. Der Tod ist nicht der Endzustand. Es kommt einer, dessen Macht noch gewaltiger ist. So weissagt der Prophet in Kapitel 25,8: »Er wird den Tod verschlingen ewiglich.« Dieser »Er«, von dem Jesaja prophezeit, ist gekommen. Paulus triumphiert: »Der Tod ist verschlungen in den Sieg.« Ist es nicht seltsam, dass Jesaja und Paulus den gleichen Ausdruck gebrauchen. Nur spricht der Prophet in der Zukunftsform: »Er wird den Tod verschlingen«, und der Apostel spricht in der Vergangenheitsform: »Der Tod ist verschlungen.« So sind das Alte und Neue Testament aufeinander abgestimmt: Weissagung und Erfüllung!
2. Die Erlösungswelt, die neue Schöpfung, die mit Christus begonnen hat, startete unter den gleichen Voraussetzungen wie die erste Schöpfung Gottes. In

1. Mose 1 heißt es: »Es war finster auf der Tiefe. Und Gott sprach: es werde Licht! Und es ward Licht.« Bei der zweiten Schöpfung bedeckte wiederum Finsternis das ganze Land. Als aber die ersten Jüngerinnen am Auferstehungsmorgen zum Grab eilten, da ging die Sonne auf. Johannes sagt dazu: »Und das Licht scheint in der Finsternis, und die Finsternis hat es nicht erfasst.« Über der unumschränkten Herrschaft des Todes ging die Ostersonne auf. Das ist die Botschaft, die die Jünger seither zu verkünden haben. Der Tod konnte Christus nicht im Grab halten. Christus hat dem Tode die Macht genommen. Über den Starken ist ein Stärkerer gekommen. Christus ist des Todes Tod.

3. Luther hat zu diesem Sieg Jesu über den Tod ein wunderbares Wort gesagt: »An Christus hat sich der Tod die Zähne ausgebissen. Sie sind stumpf und matt geworden. Seine Kiefer kann er nicht mehr öffnen. Seine Gelenke sind lahm geworden. Sein Maul ist weit aufgerissen. Er will alle verschlingen, aber er kann den Rachen nicht mehr schließen und zubeißen.«

An einem Punkt der Weltgeschichte hat der Tod verloren. An einer Stelle ist eine Bresche geschlagen. So dunkel die Welt auch sein mag. Wir wissen um diesen einen Ort. Das kann der Gemeinde Jesu nicht mehr genommen werden.

4. Die Gewissheit um diesen Sieg hat dem Tod das beherrschende Grauen genommen. Es geht nun nicht mehr ins Dunkel, nicht ins Ungewisse hinein. Der eine generelle Sieg zieht viele Siege nach.

Ein Missionar fand in Afrika auf einem Friedhof ein schlichtes Holzkreuz mit der merkwürdigen Aufschrift: »Der Tod hat keine Hände«. Er forschte nach, wer dieses Kreuz setzte, und erfuhr die Bedeutung. Ein gläubiger Christ hatte hier seine 17-jährige Tochter beerdigt. Das Mädchen war ebenfalls Christin. Der Vater tröstete sich damit, dass er sagen konnte: »Der Tod hat keine Hände. Er kann meine Tochter nicht festhalten. Seine Macht ist für uns am Ende.«

Steht dieser unbekannte afrikanische Christ nicht neben Luther? Luther sagte: der Tod hat sich die Zähne ausgebissen, und der Afrikaner sagte: der Tod hat seine Hände eingebüßt. Das ist die Einheit der Gemeinde Jesu, die weiß: der Tod hat verspielt. Er ist seiner Vormachtstellung beraubt. Er liegt als besiegter Feind zu den Füßen Jesu.

5. Diese Tatsache hat ihre entscheidenden Auswirkungen. Weil Christus der Todesüberwinder ist, steuert die ganze Menschheit nicht dem Chaos und Dunkel zu, sondern der Aufhebung der Todesschranke. Der Sieger von Golgatha und vom Ostermorgen ist nur der Erste. Es folgen ihm alle nach, die zu ihm gehören. Damit stehen wir vor einem kritischen Punkt. Wer gehört zu ihm? Wer nimmt teil an diesem Sieg über den Tod? Wir müssen das unbedingt vom Wort Gottes her klären, denn es geht ja um unsere Sache, um unsere Ewigkeit.

Die Bibel spricht von einer Auferstehung zum Gericht und einer Auferstehung zum ewigen Leben. Der Weg und die Auferstehung zum Gericht ist sehr leicht. Wir bringen von Natur aus die besten Voraussetzungen dafür mit. Wir müssen nur so bleiben, wie wir sind, dann sind wir die besten Kandidaten. Die Auferstehung zum ewigen Leben ist dem Kreis derer vorbehalten, die in den Sieg Jesu über den Tod hineingezogen worden sind. Wie das aussehen kann, zeigt uns die Geschichte vom verlorenen Sohn. Als der zerlumpte Heimkehrer endlich zu Hause angekommen war, erklärte der Vater: »Dieser mein Sohn war verloren und ist wieder gefunden, er war tot und ist wieder lebendig geworden.« Tot und wieder lebendig? Was soll das heißen? Ist dieser junge Mann von den Toten auferweckt worden? Leiblich nein! Er war geistlich tot und hatte seine geistliche Auferstehung erlebt. Um diesen kritischen Punkt geht es auch in unserem Leben. Wenn wir keine geistliche Auferstehung erleben durch die Gnade Gottes, haben wir keinen Anteil am Sieg Jesu über die Todesmacht.

6. Alle Theorie beiseite! Ich will den Sachverhalt an einem Beispiel der Nachkriegszeit klären. Ein junger Mann war in russische Gefangenschaft geraten. Es war ihm gelungen, seine kleine Senfkornbibel mit ins Lager zu schmuggeln. Schon in früher Jugend hatte er in einem gläubigen Elternhaus Kontakt zur Bibel und Kontakt zum Herrn Jesus bekommen. In der Notzeit der Gefangenschaft hatte sich das zu bewähren. Seine Kameraden scharten sich um ihn. Sie waren im Norden an der Eismeerküste eingesetzt und sollten dort einen Kanal bauen. Täglich standen sie im eisigen Wasser. Bei der schlechten Verpfle-

gung starben viele Gefangene weg. Der Mann mit der Bibel war der begehrteste Kamerad im ganzen Lager. Er richtete die Sterbenden auf mit dem Wort Gottes. Er betete mit ihnen und zeigte ihnen den Weg zu Jesus. Von Beruf war er nicht Theologe, aber er war ein Seelsorger und Seelengewinner. Und das lernt man nicht auf der Universität, sondern in der Nachfolge Jesu. Zuletzt erkrankte auch dieser tapfere Christ. Er fühlte sein Ende nahen; denn er hatte genauso unter dem Hunger zu leiden wie die anderen. Eines Morgens erklärte er seinen Kameraden: »Heute mittag um drei Uhr darf ich heimgehen zu meinem Herrn.« Zwei Kameraden blieben bei ihm und hielten Wache. Mittags um drei Uhr richtete sich der Sterbende auf. Er blickte mit leuchtendem Blick nach oben und sagte: »Herr Jesus, ich komme.« Dann starb er. Sein Heimgang war ein Einzug in die Lichtwelt Gottes. Es ist ein Unterschied, ob es heißt: Sterben – ein Erben, oder Sterben – ins Verderben.

Das sind die Fronten, die durch die offizielle Machtübernahme des Gottessohnes über den Tod entstanden sind. Es geht um die beiden Welten: ohne Christus Tod und Verderben, mit Christus Leben und Errettung. Eine Zwischenlösung, einen Kompromiss gibt es nicht. Wo gehören wir hin? – Kann man das wissen? Meinen Sie, der Apostel Johannes sei ein Phantast gewesen, als er (1. Joh. 3,14) schrieb: »Wir wissen, dass wir aus dem Tode in das Leben gekommen sind«? Eine gewaltige Aussage, an der wir nicht rütteln können, auch wenn sich alles in uns aufbäumt. Im Reiche Gottes gibt es Klarheit und scharfe Konturen. Es ist ein Fluch über der sogenannten Christenheit, dass eindeutige biblische Situationen so gern von denen vernebelt werden, die davon zu gewinnen glauben. Ich hörte einmal von einem Frankfurter Pfarrer ein gutes Wort: »Was nicht grau ist, ist gräulich, was nicht blau ist, bläulich; wer nicht Christ ist, ist christlich.« Es ist oft herzerfrischend zu sehen, wie auf den Missionsfeldern manchmal noch ursprüngliche biblische Verhältnisse zum Vorschein kommen, die in der Heimat kaum noch zu finden sind. Ich will mit einem solchen Missionsbeispiel schließen. Missionsinspektor Brech war Chinamissionar. Als junger Mann war er dabei, die schwere chinesische Sprache zu erlernen. Bevor er sie beherrschte, wurde der ältere Missionar eines Tages krank. Der alte Bruder erklärte dem Jungen: »Du musst heute Morgen predigen. Ich habe hohes Fieber.« Der junge Missionar erschrak und wehrte sich: »Ich kann noch nicht so viel chinesisch, dazu habe ich keine Zeit zur Vorbereitung.« Der alte Bruder erwiderte: »Manchmal ist es gut, wenn man ins Wasser geworfen wird und einfach schwimmen muss.« Mit schwerem Herzen übernahm der junge Mann den Sonntagsdienst. Ehe er begann, gab es eine neue Überraschung. Ein Chinese flüsterte ihm zu: »Es ist eine Räuberbande in der Kirche. An der Tür sitzt der Bandenchef. Vermutlich wollen sie plündern, wie es auf anderen Stationen bereits passiert ist.« Der junge Missionar stand damit vor einer Situation, der er nicht gewachsen war. Keine Vorbereitung – mangelhafte chinesische Sprachkenntnisse – und eine Räuberbande im Raum! Das war sein Start in die aktive Tätigkeit als Missionar in China. Er schrie innerlich zum Herrn und flehte um die richtigen Worte. Er begann zu schwitzen, konnte aber den Gottesdienst bis zu Ende führen. Die Kirche leerte sich. Der Bandenchef an der Tür blieb zurück. Missionar Brech näherte sich ihm. Der Räuber redete ihn an: »Wenn du wüsstest, wer ich bin, dann würdest du dich fürchten.« Bruder Brech erwiderte: »Ich weiß es. Du bist der Chef der Bande, die hier war.« Ganz unerwartet fuhr der Räuber fort: »Wenn das wahr ist, was du sagtest, dann fahre ich in die Hölle. Ich habe schon mehr als 70 Menschen umgebracht. Gibt es für mich noch Hilfe?« Bruder Brech war sich sofort im Klaren darüber, dass der Heilige Geist an diesem Mann sein Werk begonnen hatte. Der Räuber legte eine schauerliche Beichte ab und konnte im Glauben das Heil erfassen. Aber nun kommt das Eigentliche. Bruder Brech fragte den bekehrten Banditen: »Was willst du jetzt tun?« Ohne Zögern antwortete der Mann: »Ich stelle mich morgen den Behörden.« – »Ja, dann wirst du doch aber hingerichtet!« – »Das weiß ich. Aber dann komme ich ja zu Jesus!« Bruder Brech war maßlos erstaunt über diese schnelle Reife des neubekehrten Christen. Gekommen, um zu plündern! Bekehrung in zwei Stunden. Todesbereitschaft nach einer Beichte! Der Bandit meldete sich tatsächlich am Montagmorgen und wurde im Schnellver-

fahren noch am gleichen Tag hingerichtet. Chinesische Verfahren sind schneller als europäische.
Was steht im Hintergrund dieser Missionsgeschichte? Ein tausendfach verlorener Sohn war tot und ist lebendig geworden. Wie jener Raubmörder am Kreuz ist der Bandit innerhalb eines Tages zum Herrn Jesus ins Paradies eingezogen. »Wer Jesus am Kreuze im Glauben erblickt, wird heil zu derselbigen Stund.« So heißt es in einem Erweckungslied. Christus hat dem Tode die Macht genommen. Der unheimliche Eroberer allen Lebens musste seinen Platz räumen. Ein anderer beherrscht das Feld.

Jesus ist kommen, nun springen die Bande.
Stricke des Todes, die reißen entzwei.
Unser Durchbrecher ist nunmehr vorhanden.
Er, der Sohn Gottes, der machet recht frei,
bringet zu Ehren aus Sünde und Schande.
Jesus ist kommen, nun springen die Bande.

WELT

Lukas 10,22: *Alles ist mir übergeben von meinem Vater*

In der Grundschule hat der Lehrer mit uns Schülern einmal ein Experiment gemacht. Er schlug zwei Nägel im Abstand von 20 cm in ein Brett. Dann nahm er eine 60 cm lange Schnur und band die losen Enden an die Nägel. Dann spannte er die lose Mitte der Schnur mit einer Kreide und zog sie um die beiden Nägel. Welche geometrische Figur ist dabei entstanden? Eine Ellipse! Wir können die heutige Weltlage mit einer Ellipse vergleichen. Die beiden Brennpunkte sind der rote und der weiße Stern. Die gesamte Weltpolitik spielt sich heute noch zwischen Russland und Amerika ab. Mit dem Auftauchen von Rotchina könnte das in einigen Jahren anders sein. Vorerst aber haben wir diese beiden Machtgruppen des kommunistischen Ostens und des demokratischen Westens. Die anderen Völker werden, ohne es zu wollen, in dieses Spannungsfeld hineingezogen wie Eisenfeilspäne auf einem Blatt Papier, unter das ein starker Magnet gehalten wird. Viele nüchtern denkende Menschen haben heute das Gefühl, dass die Weltpolitik in ein Endstadium eingetreten ist. Die beiden Großen liegen Schulter an Schulter im Rennen. Es fragt sich, wer als erster durch die Ziellinie geht.

Während wir gewohnt sind, in diesen weltpolitischen Dimensionen zu denken, tritt in unserem

Textwort jemand mit dem Anspruch auf: »Alles ist mir übergeben von meinem Vater.« Der natürliche Mensch, der seine Maßstäbe aus der vor ihm liegenden Wirklichkeit bezieht, fragt bei diesem Anspruch unwillkürlich: »Ja, stimmt das denn überhaupt? Sehen Geschichte und Leben nicht ganz anders aus?« Lassen wir uns auf diesen Einwand ein und gehen wir ihm nach.

I. Verfolgung

Wer die Geschichte des Christentums von seinen Anfängen her erforscht, stellt fest, dass sie eine Geschichte der Verfolgungen ist. Die frühchristliche Zeit ist erfüllt von der Auseinandersetzung mit den römischen Imperatoren. Welche fürchterlichen Dinge sind uns darüber berichtet! Nero ließ Christen mit Öl oder Pech übergießen und bei kaiserlichen Hoffesten als Fackeln anzünden. Diokletian machte sich ein Vergnügen daraus, Christen in Felle einnähen zu lassen, um dann wilde Tiere auf sie zu hetzen. Und dieser Eine, der die Macht haben will, hat es nicht verhindert. Oder denken wir an die Boten, die unserem Erdteil das Evangelium brachten. Paulus wurde in Lystra gesteinigt, in Philippi in den Stock gepresst, schließlich in Rom hingerichtet. Auch Petrus bezahlte seinen Glauben mit dem Leben.

Polycarp endete auf dem Scheiterhaufen. Perpetua und Felicitas wurden einer wilden Kuh vorgeworfen. Vergessen wir auch nicht die Blutopfer der

Missionsboten in unserem eigenen Land. Kilian wurde 689 von den Thüringern ermordet. Bonifatius ließ 754 unter den Friesen sein Leben. Ansverus beendete 1066 seine Missionsarbeit unter den Abotriten mit einem Märtyrertod. Hus fiel einem blinden Fanatismus zum Opfer und endete 1415 in Konstanz auf dem Scheiterhaufen. Es führt zu weit, wollten wir die ganze Märtyrerchronik wiederholen. Nennen wir nur einige Märtyrer des 20. Jahrhunderts. Im Jahr 1956 wurden in Ecuador fünf evangelische Missionare aus den USA von den wilden Aukas ermordet. Im September 1959 starben zwei evangelische Missionare unter den Speeren der Moro-Indianer in Paraguay. In Südafrika wurde eine katholische Missionsärztin von den Schwarzen mit ihren Messern zerstückelt. Und im März 1964 wurde ein katholischer Missionar abermals von den Aukas ermordet. Man fand ihn mit einem Speer an den Boden geheftet.

Es ist eine schreckliche Geschichte des Blutes der kostbarsten Menschen. Warum hüllt dieser Eine sich in Schweigen, der den Anspruch zur Weltherrschaft erhebt? War dieser Eine ein kranker Phantast, der die Maßstäbe des Lebens verloren hat? War er gar ein religiöser Hochstapler, der der Welt fromme Märchen – heute sagt man fromme Mythen – auftischte? Lassen wir diese Frage offen. Für den nüchternen Realpolitiker steht jedenfalls fest:

> Die erste Bilanz lautet: Jesus von Nazareth ist gescheitert. Er war ein armer Bankrotteur. Er endete im Dunkeln. Er starb für eine verrückte Idee.

II. Krisis

Sind damit die Akten dieses Falles endgültig geschlossen, oder sind Gründe zu einem Wiederaufnahmeverfahren da? Zunächst tun wir gut daran, mit unserem Urteil vorsichtig zu sein. Es sind schon viele gegen den verachteten Nazarener ausgezogen und sind auf der Strecke geblieben.

1. Die Geschichte des Christentums muss unter neuen Gesichtspunkten noch einmal geschrieben werden. Die Geschichte ist nicht so vordergründig, wie es nach der ersten Bilanz auszusehen scheint. Die Weltgeschichte und erst recht die Geschichte des Christentums lassen sich nicht mit groben Faustregeln erfassen. In der Geschichte leuchten manchmal nur kleine Punkte auf, die man auch übersehen kann. Wer diese kleinen Lichtpunkte mit einer Linie verbindet, entdeckt plötzlich neue Zusammenhänge und Fakten. Versuchen wir, solche Orientierungspunkte transparent zu machen.

2. In der Entstehungszeit der Gemeinde Jesu gab es hartnäckige Hasser und Verfolger. Einer der schlimmsten unter ihnen war der Pharisäer und Mitglied des Hohen Rates Saulus von Tarsus. Er hat manche Christen zur Lästerung gezwungen. Dieser Mann hat die Gemeinde in Jerusalem in Unruhe

versetzt. Die gleichen Absichten hatte er in Bezug auf Damaskus. Er zog in den Krieg gegen die Heiligen und traf auf den Nazarener. Vor ihm musste er kapitulieren. Solche Ereignisse wiederholten sich manchmal in der Geschichte der Gemeinde Jesu.
Lewis Wallace, der Autor von »Ben Hur«, hatte die Absicht, ein Buch gegen Christus zu schreiben. Als er aber die Quellen studierte, gingen ihm die Augen auf, und er musste ein Buch für Christus schreiben. Der Jesuitenpater Padrosa, hochintelligenter Wissenschafter und Theologe, nahm sich vor, gegen Luther zu schreiben. Er las zu diesem Zweck die Lutherschriften und wurde davon überzeugt. Er verließ unter Verfolgung die katholische Kirche und schrieb das Buch »Warum ich den Katholizismus verließ«.
Der katholische Priester Francisko Lacueva, Domherr in Tarazona und Professor für katholische Dogmatik, studierte die protestantischen Quellen. Seine Absicht war die gleiche wie die der Padrosa. Er wollte den Protestantismus bekämpfen. Auch er begegnete bei seinen Studien dem Nazarener. Er verließ die katholische Kirche unter schweren Erschütterungen. Ich habe seine Geschichte in meinem Buch »Name über alle Namen Jesus« beschrieben. Das ist die Linie der Kapitulierenden. Sie waren gegen den Nazarener ausgezogen und hatten sich vor ihm zu beugen.
3. Der Linie der Kapitulierenden steht die Gruppe der Zerbrechenden gegenüber. Der römische Kaiser Julian »Apostata«, der abtrünnige Christ, bekämpfte

die Gemeinde des Herrn. Er endete in völliger seelischer Auflösung und rief im Todeskampf aus: »Tandem vicisti!« – Du hast doch gesiegt, Nazarener!
Voltaire, der geistreiche Spötter der Aufklärung, erlebte den gleichen Bankrott wie Julian. In seinem Todeskampf bot er seinem Leibarzt sein halbes Vermögen, wenn er seinem Leben sechs Monate zusetzen könne. Der Arzt verneinte eine solche Chance. Dann schrie der Verzweifelte: »Dann fahre mit mir in die Hölle!« Sein Arzt schrieb in sein Tagebuch: »Wie von Furien gehetzt, fuhr er in den Abgrund.«
Lenin, das Idol der russischen Welt, endete im Wahnsinn. Er kroch zuletzt in seinem Zimmer umher und bat die Tische, die Stühle um Verzeihung für seine Untaten.
Nkrumah, der frühere Diktator Ghanas, der sich auf dem Denkmal vor dem Regierungsgebäude in Accra als Erlöser seines Volkes bezeichnen ließ, hat seine Erlöserrolle ausgespielt. Als er in China weilte, bereitete das Militär dem Nkrumah-Mythos ein jähes Ende.
Fassen wir das Ergebnis der zweiten Linienführung zusammen. Das vorliegende Material lässt diese Frage zu: »Sollte der Nazarener am Ende doch recht haben mit seinem Anspruch der Machtübertragung? Die Geschichte zeigt auf jeden Fall, dass es ein gefährliches Wagnis ist, gegen ihn zu Felde zu ziehen. Ein solches Unternehmen führt in die Krisis: Entweder man kapituliert vor ihm, oder man zerbricht an ihm.

Die zweite Bilanz lautet daher: Von diesem Nazarener geht eine geheimnisvolle Vollmacht aus. Seine Person führt in die Entscheidung. Menschen strecken vor ihm die Waffen, oder sie werden zu seinen Todfeinden. Dieser Jesus ist eine Scheidung der Geister.

III. Sein ist die Macht

Ist es möglich, dieses Geheimnis der Person Jesu zu ergründen? In dieser Frage steckt mehr, als in wenigen Minuten zu bewältigen ist. Es gibt kein rationales Begreifen, weil unser Verstand keinen Zugang zum Verständnis Gottes hat. Nur ein einziges Symptom seiner Macht kann angedeutet werden.
1. Wenn wir die Strukturen aller Kulturen der Menschheitsgeschichte unter die Lupe nehmen, dann entdecken wir ein einheitliches Prinzip: nicht nur die überlegene Intelligenz hielt die Völker zusammen, sondern die Gewalt. Wer über mehr Machtmittel verfügte, machte sich den Schwächeren dienstbar. Die Gewalt regierte, seit Kain seinen Bruder Abel erschlug. Wer die Struktur der Botschaft Jesu untersucht, der entdeckt ein anderes Prinzip, das Prinzip des Opfers, der Selbsthingabe, das Leitbild der Liebe.
Die großen Heerführer, die großen Herrscher dieser Weit haben die Besiegten geopfert. Christus hat sich selbst geopfert. Kein Geringerer als der Gewaltmensch Napoleon hat das erkannt. Sein geflügeltes Wort ist berühmt geworden: »Alexander, Cäsar und

ich haben durch Gewalt große Reiche geschaffen. Sie hatten aber keinen Bestand. Dieser Christus hat sein Reich auf die Liebe gegründet, und es besteht bis heute.«

2. Der Gedanke der Selbsthingabe – aber nicht nur der Gedanke, sondern auch der Vollzug der Selbsthingabe – ist dem natürlichen Menschen so fremd. Als Jesus am Kreuz hing, da lästerten die Pharisäer und das Volk: »Andern hat er geholfen und kann sich selbst nicht helfen. Steig herab vom Kreuz, wenn du Gottes Sohn bist!« Aber gerade diese Stunde der höchsten Ohnmacht vor den Menschen war die Stunde der größten Vollmacht. Hier hat die Weltgeschichte den entscheidenden Stoß erhalten. Da wurde der Machtgier, dem Machthunger durch Selbsthingabe von innen her entgegengetreten. Das von Terror und Gewalt zusammengehaltene Weltgefüge erhielt hier einen empfindlichen Riss. Christus hat hier eine neue Weltordnung begründet.

3. Das Kreuz ist also der Ort, an dem die Rechnung der Diktatoren seither nicht aufgegangen ist. Hier hat die Liebe die Macht besiegt. Hier triumphiert die Tat der Selbstaufopferung über die Tat, andere zu opfern. Diese freiwillige Ohnmacht Jesu war sein Durchgang zur Machtfülle. Wie sich das in der Praxis auswirkt, kann in vielen Beispielen gezeigt werden. Nehmen wir absichtlich Erlebnisse aus einem Gewaltsystem, aus Rotchina. Als Mao Tse-tung an die Macht kam, wurden die ausländischen Missionare des Landes verwiesen. Viele Mitläufer der chinesischen christlichen Gemeinden fielen ab. Es

wurde zu einer Sichtungszeit, einer Stunde der Bewährung. Trotzdem ging das Werk des Herrn auch unter Verfolgung weiter.
Eines Tages kam ein 20-jähriger Kommunist zu einem Katecheten, der früher dem Missionar geholfen hatte. Der junge Mann bat den Christen: »Gib mir Unterweisung in der Lehre der Ausländer.« Der Alte zögerte, denn der junge Mann war als fanatischer Parteigänger bekannt. Der Kommunist spürte das Misstrauen und fuhr fort: »Du brauchst vor mir keine Angst zu haben. Ich meine es ehrlich. Ich habe eure Leute sterben sehen. Sie gingen so gefasst in den Tod, dass ich merkte: Sie haben ein Geheimnis. Ich bitte dich, weise mir den Weg.« Der Katechet spürte das ehrliche Verlangen und willigte ein. Der Kommunist erhielt nur acht Tage Unterricht aus dem Markusevangelium. Schon nach dieser ersten Woche erklärte der Kommunist: »Ich glaube an diesen Jesus, ich will Christ werden. Bitte taufe mich!« Das war eine schnelle Entscheidung. Natürlich sprach sich die Taufe des Kommunisten herum. Die Folgen blieben nicht aus. Ein Trupp überzeugter Parteigänger erschien in dem Wohnhaus des jungen Mannes. Nur seine Mutter war anwesend. Die Männer fragten: »Stimmt das, hat dein Sohn die Lehre der Ausländer angenommen?« Die Frau schwieg und fing zu weinen an. Als der junge Mann heimkam, wurde er verhaftet. Auf dem Dorfplatz wurde ein Schnellverfahren eröffnet. Der kommunistische Ortsleiter fragte den jungen Christen: »Hast du die ausländische Lehre angenommen?« – »Ja.« – »Schwörst du

ab?« – »Nein.« Seine Mutter warf sich ihm zu Füßen und bat: »Mein Junge, du bist meine einzige Hilfe für das Alter. Bitte sage ab. Du musst mir erhalten bleiben.« Der Sohn antwortete: »Mutter, ich kann dir alles zulieb tun. Ich kann aber nicht meinen Herrn Jesus verleugnen.« Der Anführer brüllte: »Er ist des Todes schuldig. Welche Todesart soll er sterben?« Seine ehemaligen Kameraden machten selber Vorschläge. »Bindet ihm Hände und Füße und werft ihn ins Wasser!« – »Nein, er muss auf einem Holzstoß brennen!« – »Sein Gott ist gekreuzigt worden. Er muss auch ans Kreuz!« So schrien die Stimmen durcheinander. Da meldete sich einer: »Wer unsere Ahnen nicht ehrt, muss geschunden werden.« Er erhielt begeisterte Zustimmung. Schinden heißt dort in jener Provinz, bei lebendigem Leib die Haut abziehen. Diese furchtbare Prozedur nahmen sie vor, bis der junge Mann bewusstlos zusammenbrach und starb.

4. Was ist hier eigentlich in unserer Fragestellung passiert? Wir haben hier genau die beiden Prinzipien, von denen gesprochen wurde.

a) Mao hat ein ungeheures Terrorsystem ausgebaut. An Brutalität übertrifft es sogar noch die Gewalt im sowjetischen Russland. Die christlichen Gemeinden sind als Organisationen zerschlagen. Die gläubigen Familien sind auseinandergerissen. Die Jünger Jesu leben alle in der Zerstreuung. Ansammlungen und Gottesdienste der Gemeinde sind schon seit Jahren nicht mehr möglich. Die diktatorische Gewalt befehligt ein Riesenreich, das in seiner Kapazität 1990 wohl größer ist als USA und Russland zusammengenommen. Wir haben hier ein System äußerer Gewalt mit Millionen von Opfern.

b) Aber dieses Gewaltsystem hat ein Loch. Es endet am Gewissen und am Glauben der Jünger Jesu. Christus ist der heimliche Herrscher Chinas. Die Gewalt über die Gewissen erweist sich als größer als die Macht der Bajonette und politischen Knüppel. Er, der vor den Augen der Menschen als Bankrotteur starb, ist der geheimnisvolle Weltenherrscher.

5. Die Parole der Welt lautet: Macht, Gewalt, Terror, Diktatur, politische Knebelung, Menschenopfer und Menschenschinderei.

Die Parole des neuen Herrschers heißt: »Was schwach ist vor der Welt, hat Gott erwählt, dass er zuschanden mache, was stark ist.«

Das Relief dieser Welt enthält klingende Namen: Nebukadnezar, Kyrus, Alexander, Cäsar, Augustus, Dschingis Khan, Napoleon.

Das Relief des Reiches Gottes enthält die Blutzeugen aller Zeiten, die Unbekannten, die Sterbenden, die Heimgesuchten, die Elenden, die Unterdrückten um Jesu willen, die Galerie der Glaubenden aus Hebräer 11. Es sind die, von denen es heißt: »Sie haben durch den Glauben Spott und Geißeln erlitten, dazu Bande und Gefängnis. Sie wurden gesteinigt, zerhackt, zerstochen, durchs Schwert getötet. Sie sind umhergegangen in Schafpelzen und Ziegenfellen, in Mangel, in Trübsal, in Drangsal. Für sie war die Welt nichts wert. Sie sind umhergeirrt in der Wüste und auf dem Gebirge und in den Klüften und Löchern der Erde.«

Sie sind es, die nichts haben und doch alles besitzen, denn sie gehören zum Gefolge des Siegers, der die Zügel der Weltregierung nicht aus der Hand gibt.

> Wir ziehen damit die dritte Bilanz: Nicht irgendeine Großmacht dieser Erde wird das Rennen gewinnen, sondern der geheimnisvolle Nazarener. Er geht mit mächtigem Schritt durch die Jahrhunderte. Den sehenden Augen ist er verborgen, den Gläubigen ist er offenbar. Er vollendet die Welt- und Heilsgeschichte mit mächtiger Hand. Alle seine Feinde werden einmal zu seinen Füßen liegen. Ihm gehört das Reich, ihm gehört die Macht. Ihm gehört die Herrlichkeit in Ewigkeit.

Ziehen wir das Fazit! Die Geschichte des Christentums läuft in drei Stockwerken.
In Stockwerk I heißt es: Jesus ist ein Bankrotteur, ein gestrandeter Idealist.
In Stockwerk II heißt es: Von diesem Jesus geht eine geheimnisvolle Macht aus.
In Stockwerk III heißt es: Jesus ist der Sieger der Weltgeschichte.
Die Frage ist nun, wo wir zu Hause sind.
Im Stockwerk I wohnen die Negativisten aller Schattierungen, die radikalen Atheisten ebenso wie die feingeistigen Rationalisten.
Im Stockwerk II herrscht eine kritische Atmosphäre. Hier fallen Entscheidungen, hier reifen die Krisen zur Annahme oder Ablehnung des einen Herrn.

Im Stockwerk III wohnt ohne Zweifel die kleinste Gruppe. Aber es ist das Fußvolk Gottes, die stillen Nachfolger Jesu. Sie wissen um den Sieg ihres Herrn und haben im Glauben daran teil. Ihr Bekenntnis ist, was Pfarrer Blumhardt uns vorgebetet und vorgesungen hat:

Jesus ist der Siegesheld,
der all seine Feind besieget.
Jesus ist's, dem alle Welt
bald zu seinen Füßen lieget.
Jesus ist's, der kommt mit Macht
und zum Licht führt aus der Nacht.

WIR

1. Joh. 5,12: *Wer den Sohn Gottes hat, der hat das Leben; wer den Sohn Gottes nicht hat, der hat das Leben nicht.*

1939 machte die damalige englische Königin einen Besuch in Kanada. Sie wurde von ihrem Gatten, König Georg VI., begleitet. Es gab einen großen Empfang. Ein Programmpunkt war eine Liedeinlage. Ein alter Indianer sang mit einer klaren Stimme ein Jesuslied folgenden Inhaltes: »Ich liebe Jesus mehr als Silber und Gold. Ich liebe Jesus mehr als alle Schätze der Welt.« Nach dem Lied fragte der Häuptling in demütiger Haltung: »Majestät, ist mir eine Frage erlaubt?« Sie nickte Zustimmung. Dann fragte der Häuptling: »Majestät, haben Sie Jesus?« Es entstand eine kleine Pause. Auf den Gesichtern mancher Minister stand der Unwille geschrieben. Da antwortete die Königin: »Es glauben viele an Gott. Es glauben manche an Jesus. Ich muss bekennen, dass er mein Herz besitzt.« Das war kein rührseliges, sondern ein tapferes Bekenntnis. Es gehört Mut dazu, bei einer solch großen und erlauchten Zuhörerschaft sich auf die Seite Jesu zu stellen. Welche Bedeutung hat eine derartige Aussage? Ohne Zweifel war Jesus von Nazareth eine der wunderbarsten Gestalten der menschlichen Geschichte. Aber gibt es nicht noch andere Persönlichkeiten, die uns Bewunderung abnötigen? Manche berauschen sich an den Taten großer Feldherren wie Alexander dem Großen oder Julius Cäsar. Andere sind erfüllt von der Poesie eines Homer oder Dante, wieder andere sind fasziniert von großen Denkern wie Aristoteles oder Kant. Und schließlich gibt es diejenigen, die den Preis den großen Morallehrern und ethischen Reformern zuerkennen. Vielleicht wird dabei der Name Sokrates genannt oder gar der Martin Luthers. Taucht in diesem großen Relief menschlicher Helden auch der Name Jesus auf? In der Tat wird Jesus von vielen zu den größten Namen der Menschheit gezählt. Dieser Ehrerweisung wird aber im Neuen Testament ein jähes Ende bereitet. Jesus braucht keine menschlichen Lorbeeren. Jesus ist nicht ein großer Name neben anderen großen Namen. Paulus bezeugt: »Gott hat Jesus einen Namen gegeben, der über alle Namen ist.« Nur wer den Sohn Gottes hat, der hat den Anschluss an das eigentliche Leben. Wer den Sohn Gottes nicht hat, der hat das Leben nicht. Diese Aussage ist so provokativ, dass wir uns mit der Person Jesu auseinandersetzen müssen.

I. Wir fragen: Welche Beziehungen gelten für das Verhältnis des Gottessohnes zu uns Menschen?

1. Die erste Aussage ist die von Apostelgeschichte 4,12: »Es ist in keinem andern Heil, es ist auch kein anderer Name unter dem Himmel den Menschen gegeben, darin wir sollen errettet werden.« Ich musste diesen Vers schon einmal in dieser Vortragsreihe unterstreichen. Paulus bezeugt den Athenern in seiner großen Areopagrede: »Gott hat

einen Mann eingesetzt, durch den er der Menschheit Gericht oder Heil bringt.« Dieser Eine ist Jesus. Für diesen Jesus gibt es keine Ersatzperson. Jesus von Nazareth ist nicht auswechselbar wie etwa eine Zahl in einer mathematischen Gleichung. Wir müssen als harte und unveränderliche Wirklichkeit die Exklusivität des Sohnes Gottes akzeptieren. Diese Ausschließlichkeit ist vielen zum Ärgernis geworden. Ein Schweizer hat mir einmal in Bern gesagt, es sei egal, ob man Buddha, Mohammed oder Christus anbete. Wichtig sei nur, dass wir ganz sind, was wir glauben. Eine solche These bricht sich an der Exklusivität des Gottessohnes. Andere meinten, wer wie Kagawa in Japan, wie Mathilde Wrede oder Albert Schweitzer in Lambarene ein Leben der selbstlosen Liebe geführt habe, sei auf dem richtigen Weg. Auf die reine Menschlichkeit käme es an, nicht auf Dogmen. So reden die Idealisten, die ethischen Materialisten, die Philanthropen und die Modernisten. Und doch zerbricht die These von der reinen Mitmenschlichkeit ohne die Person Jesu an der Exklusivität des Gottessohnes.

Was reine Mitmenschlichkeit ohne Jesus ist, wurde mir bei der zweiten Südamerikatour in Curitiba demonstriert. Ich besuchte die Albergo noturno, ein Obdachlosenasyl. Die Leiterin nahm uns willig auf und berichtete alles, was uns interessierte. Zunächst sah ich die Besucher, die im Korridor auf das Bad, die Desinfizierung und das warme Essen warteten. Jeder wird aufgenommen, der Arbeit sucht oder am nächsten Tag zur kostenlosen Behandlung in das

Krankenhaus geht. Ich fragte die freundliche Heimleiterin: »Wer finanziert diese Aktion?« – »Die vermögenden Spiritisten«, war die Antwort. Bei dieser Herberge handelt es sich um eine soziale Einrichtung der Kardecschen Spiritisten. In der ausführlichen Unterhaltung forschte ich auch nach dem Motiv dieser karitativen Arbeit. Man hat mir gesagt, es gehöre zum Evangelium der Spiritisten, dass man in großen Zeitabständen wieder auf die Erde komme, also seine Reinkarnation erlebe. Entscheidend sei dann, ob man im weiteren Leben aufsteige oder absteige. Ausschlaggebend dafür ist, wie man sich im vorhergehenden Leben bewährt habe. Wichtig war mir auch der Hinweis auf Jesus. Die Heimleiterin erklärte: »Jesus hat seinen Jüngern die Füße gewaschen. Dadurch hat er uns ein Vorbild gegeben, dem wir nacheifern.« Da haben wir wieder diesen oft gehörten Satz. Jesus ist das Vorbild, Jesus ist der wunderbarste Vertreter der Menschlichkeit, aber nicht der Erlöser.

Diese These zerbricht an der Ausschließlichkeit des Sohnes Gottes. Jesus ist nicht nur eine Idealgestalt, nicht nur ein edles Vorbild, sondern der Sohn des Vaters, von Gott als Richter und Retter eingesetzt. Er begnügt sich nicht mit unseren Ehrenprädikaten, er will uns selbst. Seine Ausschließlichkeit kann von uns nicht umgangen werden. Hier hilft keine orthodoxe, keine dialektische, keine moderne Theologie, hier gilt nur eines: die klare Bekehrung zum Sohn Gottes.

2. Eine zweite stahlharte Aussage im Hinblick auf

unser Verhältnis zu Jesus begegnet uns im Neuen Testament. Man kann über Jesus diskutieren, man kann ihn ablehnen. Man kann ihm zustimmen. Und doch bekommen wir ihn nicht in den Griff. Er wohnt in einem Bereich, der für uns nicht zugänglich ist. In Johannes 6,44 sagt der Herr: »Es kann niemand zu mir kommen, es sei denn, dass ihn ziehe der Vater.« Diese Aussage bezeugt wieder etwas Ungeheuerliches: die Unerreichbarkeit des Gottessohnes.
Die unsichtbare Welt ist der sichtbaren Welt verschlossen. Es gibt keinen Weg, der von der menschlichen Dimension in die Dimension Gottes führt. Er wohnt in einem Licht, zu dem niemand gelangen kann. Er ist von uns räumlich oder zustandsmäßig so abgesondert, dass von unserer Seite aus keine Kontaktmöglichkeit besteht. Es liegt nur auf der Linie dieser Aussage, dass dann auch niemand seine Gegenwart ertragen kann. Johannes fiel bei seiner Begegnung in Offenbarung 1,17 wie ein Toter zu seinen Füßen. Wenn der Lebenskreis des Menschen und der Lebenskreis des Gottessohnes sich berühren, dann ist das eine tödliche Bedrohung, eine vernichtende Berührung. Unsere Atmosphäre, unser Lebensatem verträgt seinen Atem nicht.
3. Die Bibel lässt uns mit diesen beiden stahlharten Feststellungen noch nicht in Ruhe. Sie macht uns im Blick auf unsere Stellung zu Christus mit einer dritten Front bekannt: es ist unsere rettungslose Verlorenheit. Wie oft hören wir diese Grundmelodie in der Bibel: »Da ist keiner, der Gutes tue, auch nicht einer. Von der Fußsohle bis zum Scheitel ist nichts

Gesundes an uns. Vor dir, o Gott, ist kein Lebendiger gerecht. Sie sind allzumal Sünder und mangeln des Ruhmes, den sie vor Gott haben sollten.«

Die Heiligkeit Gottes ist der Tod des Sünders. Dazu ein Beispiel. Im Frühjahr 1945 wurde bei Gdingen in der Nähe von Danzig ein riesiger U-Boot-Bunker gesprengt. In dem Bunker wurden einige Soldaten mit eingeschlossen, die sich aus den riesigen Proviantvorräten einiges holen wollten. Die gewaltigen Betonblöcke versperrten ihnen den Rückweg. Sie waren in dunkelste Finsternis gehüllt. Sie hatten genug Lebensmittel, weil dort unten die Vorräte für eine halbe Division gelagert waren. Sie hatten auch Luft und Wasser, nur kein Licht. Jahrelang lebten sie in der Dunkelheit. Einige starben. Nach acht Jahren wurden die beiden letzten befreit. Der eine starb sofort, als er ins Licht trat. Der andere erblindete und starb kurz danach. Sie waren jahrelang so durch die Finsternis geprägt, dass sie vom Licht getötet wurden. Vom Licht getötet! Das ist ein Gleichnis für einen biblischen Sachverhalt. Der sündige Mensch vergeht mit seiner Finsternis an der Reinheit und Heiligkeit Gottes. Das entspricht der rettungslosen Verlorenheit des Menschen.

4. Nun tragen wir die bisherigen Ergebnisse zusammen. Die Bibel richtet drei Barrikaden auf:

Die Ausschließlichkeit des Gottessohnes.
Die Unerreichbarkeit des Gottessohnes.
Die rettungslose Verlorenheit des Menschen.

Wie geht es weiter? Wer in Ruhe über diese drei Positionen nachdenkt, wird zu der Jüngerfrage kommen: »Herr, wer kommt denn da noch durch?« Jesus antwortete ihnen: »Bei den Menschen ist es unmöglich.« Das ist die harte Wirklichkeit, vor der wir stehen. Bilde sich niemand ein, er könne den Himmel stürmen. Denke niemand, er könne durch seine moralischen Anstrengungen die Betonklötze beseitigen, die den Weg versperren.

Von einem Evangelisten, Johannes Hansen, hörte ich in der Schwarzwaldhalle in Karlsruhe ein anschauliches Beispiel, das hier wiedergegeben wird. Es gibt in der evangelischen Kirche so viele Christen, die denken, man komme automatisch in den Himmel. Man wird nach der Geburt auf ein Fließband gesetzt. Die Kirche bringt von Zeit zu Zeit durch Amtshandlungen einige Handgriffe an, sei es Taufe, Unterricht, Konfirmation und anderes. Das Fließband trägt einen immer wieder weiter, bis der letzte Handgriff erfolgt, die Bestattung und die salbungsvolle Beerdigungsliturgie. Dann müsste dieser Fließbandfahrer eigentlich im Himmel sein. Ja, wenn es so einfach wäre mit dieser Automatik!

Eines ist sicher: man kann automatisch in die Hölle kommen, aber nicht in den Himmel.

Wir hörten von den drei unübersteigbaren Barrikaden. Heißt dieses dreifache »Unmöglich«, dass wir bei Gott abgeschrieben sind? Nein, was uns unmöglich ist, das tat Gott in der Sendung seines Sohnes.

II. Wir fragen also, wie Gott die Barrikaden überwunden hat

1. Über uns Menschen steht nicht nur Gericht, Verdammnis und Chaos. Nein, der Ausschließlichkeit des Gottessohnes setzte Gott die Totalität des Gnadenangebotes entgegen. Hören wir nur drei Worte aus dem Neuen Testament:
Johannes 3,16: Also hat Gott die Welt geliebt, dass er seinen eingeborenen Sohn gab, auf dass alle, die an ihn glauben, nicht verloren werden, sondern das ewige Leben haben.
Titus 2,11: Es ist erschienen die heilsame Gnade Gottes allen Menschen.
1. Timotheus 2,4: Gott will, dass allen Menschen geholfen werde.
Dreimal steht hier alle. Die Erde war und ist der Schauplatz des Heilswerkes Gottes für alle Menschen. Wir alle stehen in Gottes Wirkungsbereich. Wir alle befinden uns in seinem Interessengebiet. Dazu ein Beispiel. Vor einigen Jahren gab es das Grubenunglück in Lengede. Sofort setzten Rettungsaktionen an. Die Rettungsmannschaft erhielt die Liste der eingefahrenen Bergleute. Es gab einen Plan der Stollen und der Schutzräume. Es wurde gerätselt, in welche Schutzräume sich die Überlebenden geflüchtet haben könnten. Hochempfindliche Horchgeräte wurden eingesetzt, um eventuelle Klopfzeichen zu hören. Mit Spezialgeräten wurden Bohrungen durchgeführt. Etwa 30 Bergleute waren eingeschlossen. Wie mögen sich diese von der Au-

ßenwelt abgeschnittenen Männer gefühlt haben? Wie sie all den Geräuschen lauschten! Wie atmeten sie auf, als sie den Bohrer hörten! Dann wieder griff die Sorge und Angst nach ihnen: »Erreicht der Bohrer unseren Schutzraum? Bricht unser Stollen dann auch nicht ein?« Die tausend Hoffnungen bei den oben und unten Wartenden erfüllten sich. Der Bohrer traf genau den Bergungsort. Die erste herabgelassene Bombe traf mit Verpflegung und mit einem Arzt ein. Einer nach dem anderen wurde hochgehievt.

Wir haben damit ein wunderbares Gleichnis. Wir Menschen sind alle von dem Berg unserer Sünde hoffnungslos eingeschlossen. Wir können uns nicht selber befreien. Wir sind abgeriegelt vom Reich Gottes. Da kam aber einer von oben, stieg herab und brachte Rettung.

Wir müssen es uns sagen lassen: wir stehen auf der Bergungsliste Gottes. Unser Name erscheint auf der Rettungsliste. Wir sind nicht abgeschrieben. Wir sind nicht als unrettbar aufgegeben.

Bei Lengede ist etwas Derartiges passiert. Als später die eingebrochenen Stollen wieder geräumt wurden, fand man in einem anderen Schutzraum drei Männer als Leichen mit langen Bärten. Man rechnete aufgrund des langen Haarwuchses aus, dass sie noch etwa zwei Wochen gelebt haben. Das gab sogar noch ein kleines gerichtliches Nachspiel. Man hatte Menschen aufgegeben, die noch am Leben waren.

Unserem Gott passiert das nicht. Vor seinen Augen ist alles gegenwärtig. Seine Rettungsaktion gilt allen.

Wer im Glauben den Sohn Gottes angenommen hat, der ist mit in das Leben eingeschlossen. Die Ausschließlichkeit des Gottessohnes ist zugleich ein totales Gnadenangebot Gottes.

2. Damit ist aber die Weite und Tiefe der Barmherzigkeit Gottes noch nicht ausgeschöpft. Wir hörten, dass die zweite Barrikade die Unerreichbarkeit des Gottessohnes ist. Alle Versuche, von uns aus Jesus zu erreichen, sind zum Scheitern verurteilt. Ein Gott, der in den Griff des Menschen kommen würde, wäre kein Gott, sondern ein Popanz menschlicher Phantasie. Wir erreichen die Region Gottes nicht. Kein Weg von uns zu ihm – aber ein Weg von ihm zu uns! Ein Beispiel soll das zeigen. Im Zusammenhang mit meinen australischen Evangelisationen hörte ich von folgendem Ereignis. Der Sohn eines Richters war ein Taugenichts. Wegen einer Betrugsaffäre kam er vor Gericht. Dem Vater war das äußerst peinlich. Doch er lehnte es nicht ab, über seinen eigenen Sohn zu urteilen. Die Öffentlichkeit war gespannt, ob der Vater ein mildes oder ein strenges Urteil fällen würde. Manche meinten, der Vater würde seinen Sohn schonen. Andere tippten auf ein strenges Strafmaß, weil der Richter wohl nicht seine Richterehre aufs Spiel setzen würde. So waren die Ansichten geteilt. Mit Spannung wurde die Verhandlung verfolgt. Schließlich kam es zum Urteil. Der Richter wählte die im Gesetz zulässige Höchststrafe. Nach Verkündigung des Urteils setzte dann der Richter sein Barett ab, zog seine Robe aus und trat vom Podium herunter. Er begab sich zur

Anklagebank, neigte sich zu seinem Sohn und sagte: »Mein Junge, als Richter musste ich dich verurteilen, als Vater aber biete ich dir an, die Strafe zu bezahlen, zu der ich dich verurteilen musste.« Damit haben wir ein neues Bild für das Handeln Gottes. Der Richter trat zum Angeklagten. Gott ging den Weg zum Menschen und nahm dessen Schuld und Strafe auf sich. Wir haben also die Antwort auf die Unerreichbarkeit Gottes. Der Unerreichbare kam selber zu uns! Der verschlossene Himmel öffnete sich selbst. Von uns aus kein Zugang – von Gott her aber die offene Tür! »Siehe, ich habe dir gegeben eine offene Tür«, heißt es in Offenbarung 3,8. Die Unerreichbarkeit Gottes ist die unüberwindliche Barrikade. Die offene Tür ist aber ihre Überwindung. Dort der unheimliche Gott, hier der gnädige Herr!

3. Wir müssen uns noch mit der dritten Barrikade auseinandersetzen. Wir hörten von der rettungslosen Verlorenheit der Menschen. Luther wusste das und nannte sich selbst einen verlorenen und verdammten Menschen. Der Reformator wusste aber noch mehr. Gott hat nicht nur den Schuldspruch über uns verkündet, sondern auch selbst die Sühnemaßnahme eingeleitet. Ich will das mit einem Erlebnis unseres Reformators darstellen. Luther wurde manchmal von Angstträumen geplagt. Mir sind mehrere von ihnen aus seinen Büchern bekannt geworden. Einmal plagte ihn der Teufel damit, dass er ihm alle seine Sünden vorhielt. Es war eine lange Liste. Als der Teufel zu Ende war, fragte Luther

im Traum: »Ist das alles?« Der Teufel triumphierte und entrollte flugs eine zweite Rolle und las wieder ein langes Sündenregister vor. Wieder forschte der verängstigte Mann: »Bist du nun fertig mit meinen Sünden?« Mit Hohngelächter brachte der Finstere noch ein drittes Register und las alles vor bis zurück in die ersten Kindheitsjahre. Dann, als der Böse nichts mehr vorzubringen hatte, erwiderte Luther: »Eines hast du vergessen. Schreibe schnell darunter: ‚Das Blut Jesu Christi, des Sohnes Gottes, macht uns rein von aller Sünde.'« Der Teufel stieß einen Fluch aus und verschwand. Ein Bibelwort hatte ihn in die Flucht geschlagen.

Wir haben damit die Antwort auf das dritte Unmöglich. Die rettungslose Verlorenheit hat Gott beantwortet mit seiner allgenugsamen Sühneleistung. Damit ist die dritte Barrikade aus dem Weg geräumt. Petrus bezeugt (1. Petr. 1,19): »Wisset, dass ihr nicht mit vergänglichem Gold oder Silber erlöst seid von eurem eitlen Wandel nach väterlicher Weise, sondern mit dem teuren Blut Jesu, als eines unschuldigen und unbefleckten Lammes.« Und der Hebräerbrief bestätigt es (9,14): »Wie viel mehr wird das Blut des Christus, der sich selbst durch den ewigen Geist als Opfer ohne Fehler Gott dargebracht hat, euer Gewissen reinigen von toten Werken, damit ihr dem lebendigen Gott dient!« In einem Erweckungslied heißt es: »Rühmt alle Wunder, die er tut, doch über alles rühmt sein Blut!« Auf dem Altar von Grünewald und Schongauer in Isenheim, den ich mir in Colmar schon manches Mal angesehen habe, fangen die Engel unter dem Kreuz die Blutstropfen Jesu auf. Das sind die kostbarsten Juwelen der Erde, die im Argen liegt.

Schreckt des Falles Tiefe dich,
siehst du bebend deine Wunden,
fragst du, werde jemals ich
von dem Schlangenbiss gesunden?
O verliere nicht den Mut!
Allgenugsam ist das Blut.

Gott hat das Äußerste und Höchste, was er zu bieten hatte, in die Waagschale gelegt: das Leben, das Blut seines Sohnes. Das war der Welt Rettung. Ist es auch Ihre? Wir sind nun zwei Reihen biblischer Grundwahrheiten abgeschritten. Die erste Reihe lautet:

Die Ausschließlichkeit des Gottessohnes.
Die Unerreichbarkeit des Gottessohnes.
Unsere rettungslose Verlorenheit.

Diese ehernen Positionen sind nicht umzustoßen. Und doch hat Gott den Ausweg gefunden und uns angeboten. Die Lösung lautet:

Sein totales Gnadenangebot.
Die offene Tür.
Die Allgenugsamkeit seiner Sühneleistung.

Was hat das nun mit uns zu tun? Wir sind in der Lage des Richtersohnes, der vom eigenen Vater verurteilt wurde. Danach bot ihm der Vater die Sühneleistung an. Wie konnte sich der Sohn verhalten? Er hatte zwei Möglichkeiten: annehmen oder ablehnen. Er war nicht gezwungen. Seine Entscheidung war frei. Das ist unsere eigene Situation. Wir können dankbar annehmen oder stolz ablehnen. Das ist das ganze Geheimnis unserer Errettung.

Gott hasst und richtet die Sünde.
Gott liebt und rettet den Sünder.

Die Person Jesu und sein Werk am Kreuz bedeutet Verurteilung und Sühneleistung zugleich. Darum konnte Johannes sagen: »Wer den Sohn Gottes nicht hat, der hat das Leben nicht.«

Jesus ist kommen, Grund ewiger Freude,
A und O, Anfang und Ende steht da.
Gottheit und Menschheit vereinen sich beide.
Schöpfer, wie kommst du uns Menschen so nah!
Himmel und Erde, erzählet's den Heiden:
Jesus ist kommen, Grund ewiger Freuden.

Jesus ist kommen, die Ursach zum Leben.
Hochgelobt sei der erbarmende Gott,
der uns den Ursprung des Segens gegeben;
dieser verschlinget Fluch, Jammer und Tod.
Selig, die ihm sich beständig ergeben!
Jesus ist kommen, die Ursach zum Leben.

ZUKUNFT

Offb. 1,7: Siehe, er kommt!

Bei meinen Reisen durch das Amazonasgebiet oder durch andere Teile Südamerikas konnte es vorkommen, dass ich Scharen von Geiern beobachtete, die sich auf einem hohen Baum sammelten. Der begleitende Missionar pflegte dann zu sagen: »Da muss ein Tierkadaver liegen, weil sich die Geier sammeln.« Wir kennen ja das geflügelte Wort Jesu in Matthäus 24,28: »Wo ein Aas ist, da sammeln sich die Geier.« Was steckt nun zunächst in diesem Sprichwort? Viele Ereignisse des täglichen Lebens wickeln sich ab nach dem Gesetz von Ursache und Wirkung. Wenn an einer Straße ein großer Menschenauflauf entsteht, sagen wir unwillkürlich: »Da muss sich ein Unfall ereignet haben.«

Wird zu einem kranken Angehörigen ein Arzt gerufen, dann fragt und sucht er zuerst nach den Symptomen der Erkrankung, um von den Symptomen auf die Ursache schließen zu können. Was im Alltagsleben als Grundregel besteht und auch zum Abc einer ärztlichen Untersuchung gehört, gilt auch im Blick auf geistige Bewegungen. Jesus gebrauchte das erwähnte Sprichwort innerhalb seiner großen Wiederkunftsrede, und zwar ausgerechnet in dem Abschnitt, in dem er von Verwüstung, Verfolgung, Katastrophen, von irrgeistigen Strömungen der Endzeit und seiner plötzlichen Wiederkunft spricht.

Er wollte mit dem Sprichwort andeuten: »Wenn ihr Zeuge all dieser Vorgänge seid, dann wisst ihr, dass meine Zeit nahe ist.« Dazu mahnt er in Matthäus 16,3: »Seid ihr nicht in der Lage, über die Zeichen dieser Zeit zu urteilen?« Die Zeitgenossen Jesu waren nicht imstande, den Charakter ihrer Zeit zu erkennen. Und wir, die wir weitere 2000 Jahre Kultur als Lehrmeisterin haben, sind es genausowenig. Der natürliche Mensch vernimmt nichts vom Geist Gottes, sagt der Apostel Paulus. Das ist der Grund dafür, dass selbst hochintelligente Menschen oft keinen Blick für den biblischen Ablauf unserer Zeit haben. Den Heiligen Geist kann man sich nicht unter dem Katheder eines weltberühmten Dozenten eintrichtern lassen. Für seinen Empfang gelten andere Maßstäbe als rationales Verstehen. So waren vor einigen Jahren viele Gläubige sehr erstaunt, als ein in Israel aufgewachsener Theologe kühn erklärte: »Die Vorgänge in Israel haben nichts mit biblischer Prophetie zu tun.« Luther nannte einmal unsere Vernunft eine Hure. Er meinte damit, dass sie allzu oft fremde, nicht gottgewollte Wege geht. Damit sind wir beim entscheidenden Vorzeichen unseres Weltbildes angelangt. Der Schlüssel zum rechten Verständnis unserer Gegenwart und der nahen Zukunft liegt nicht im rationalen Denken, sondern allein in der Erleuchtung und Erfüllung durch den Heiligen Geist. Das muss gesagt werden, auch wenn es Anstoß und Ärgernis erregt. Wollen Sie Beispiele aus der Heiligen Schrift?

Nicht die Hohenpriester und Herren Theologen haben ihren Messias erkannt, sondern die Hirten, die alte Hanna, der greise Simeon, die Fischer, einige Zöllner, die Sünderin, römische Offiziere und andere. Wenn wir demütig genug sind, diese Tatsache anzuerkennen, dann sind wir in der Lage, einer biblischen Untersuchung unserer Zeit und der Zukunft zu folgen.

Welche Merkmale unserer Zeit passen in den Rahmen der Endvorstellungen des Neuen Testamentes hinein?

1. Als erstes ist die Angst der heutigen Generation zu nennen. In Lukas 21,25-26 heißt es: »Auf Erden wird den Leuten bange sein, und sie werden zagen. Die Menschen werden verschmachten vor Furcht und vor Warten der Dinge, die kommen sollen auf Erden.«Es ist merkwürdig, dass in unserer Zeit gerade die Berufsgruppe, die die biblische Prophetie am besten kennen müsste, am wenigsten einen klaren Blick für den Charakter unserer Zeit hat. So dürfen wir uns nicht wundern, wenn Gott die Berufenen in die Ecke stellt und sich der Unberufenen bedient. Nach langer Zeit habe ich wieder einmal ein Buch zur Hand genommen, das vor 14 Jahren in mehr als einer halben Million Exemplaren um die Welt gegangen ist. Es heißt: »Die Zukunft hat schon begonnen« von dem Journalisten Robert Jungk. Er schreibt dort, dass der Schatten der Vernichtung über dem Abendland liegt. Sein letztes Kapitel in diesem Buch ist ein Brief an einen Studenten, der an der Zukunft zu verzweifeln drohte. Welche Lösung hat der Zeitungsmann anzubieten? Er schlägt vor,

dass die rasante Entwicklung der Technik und der Physik von den ethischen Wertmaßstäben der Religion und der Sittenlehre begleitet werden müsse, sonst verliere die Zukunft nicht ihren schrecklichen und bedrückenden Charakter.

Wenn wir schon bei den Zeitungsmännern sind, dann lassen wir Anton Zischka zu Wort kommen. Er ist der Nachkomme des bekannten Hussitenführers gleichen Namens. Eines seiner bekanntesten Bücher trägt den bezeichnenden Titel »Welt in Angst und Hoffnung«. Er schreibt darin ohne Umschweife: »Kriegsangst und Krisenangst umschleichen die Welt.« Schon auf der ersten Seite seines Buches schildert er ein Gespräch mit einem Fluggast auf dem Weg von Amsterdam nach Montreal. Es ist ein junger Auswanderer. Zischka fragt ihn: »Warum verlassen Sie Europa? Sie haben doch hier genug Arbeitsmöglichkeiten.« Sein Gesprächspartner antwortete : »Unserem Wohlstand in Holland traue ich nicht, und das deutsche Wirtschaftswunder geht mir schon lange auf die Nerven. Ich wandere aus, weil unsere Geographie nichts taugt.« Er meinte damit: »Europa ist ein zu unsicheres Pflaster.« Zischka stellt nach diesem Gespräch die Frage: »Rollt die Alte Welt ins Chaos?«

Lassen wir noch einen Mann zu Wort kommen, der aus dem philosophischen Lager kommt. Es ist der Freiburger Philosoph Martin Heidegger. Auf die Frage nach seiner Beurteilung der Gegenwart antwortete er: »Das Beunruhigendste an unserer Zeit ist, dass wir noch nicht gelernt haben, klar zu den-

ken. Immer noch nicht, obwohl der Zustand der Welt immer beunruhigender wird«.
Dazu eine Bemerkung des bekanntesten deutschen Philosophen unserer Zeit. Karl Jaspers sagt, dass wir der Selbstvernichtung der Menschheit und damit dem Ende der Welt als etwas sehr Realem entgegensehen. Wir haben nun vier Männer zu Wort kommen lassen. Sie gehören nicht dem theologischen Lager an. Ihre Veröffentlichungen sind neben denen anderer Autoren symptomatisch für unsere Zeit. Über der heutigen Menschheit liegt eine unheimliche Spannung. Diese Spannung ist nicht nur psychologisch zu verstehen, weil wir kurz vor einer neuen Jahrtausendwende stehen, sondern sie deutet auf eine allgemeine Ratlosigkeit hin, die die Menschheit mehr und mehr erfasst.
II. Was bei Journalisten und Publizisten noch als Vorarbeit gelten kann, wird von einer Gruppe von Naturwissenschaftlern mit viel größerer Schärfe und Klarheit herausgearbeitet.
1. Gerade die Physiker unserer Zeit haben die klarste wissenschaftliche Einsicht. Ist es nicht umso bedrückender, wenn sie nicht nur von Angst, sondern von einem dämonischen Abgrund unserer Zeit sprechen? So hat der große Einstein wenige Jahre vor seinem Tod gesagt, dass wir vielleicht Geheimnisse der Schöpfung entdeckt haben, die wir besser nicht entdeckt hätten. Und kurz vor seinem Tod erklärte er, dass er auf dem Gebiet der Kernphysik auf einen Prozess gestoßen sei, der noch viel gewaltigere Energien auslöse als die Kernspaltung oder die

Kernfusion. Um aber einem sehr wahrscheinlichen militärischen Missbrauch vorzubeugen, nahm er diese Entdeckung mit ins Grab.
Aufschlussreich ist auch ein Wort Oppenheimers, des Entwicklungsleiters des A-Bomben-Projekts der USA: »Wir haben des Teufels Werk getan.«
Es ist unmöglich, in einem kurzen Vortrag die Problematik eines Atomkrieges zu entfalten. Das ist auch nicht meine Aufgabe. Ich möchte nur auf einen Punkt hinweisen. Vor einigen Jahren wurde entdeckt, dass bei den bisherigen H-Bomben-Versuchen radioaktive Atomkerne sich zu winzigen Körnchen vom Größenverhältnis 10-12 kondensieren, die in der Luft schweben. Jeder Lungenatmer nimmt solche Körnchen auf, die krebserregend sind. Diese Tatsache ist unbestritten. Unklar ist nur, wie weit die Auswirkungen reichen. Im schlimmsten Fall stirbt in einigen Jahrzehnten die gesamte Menschheit an Krebs, im besten Fall bilden sich in einigen Jahrzehnten bei weiteren H-Bombenversuchen bei Tausenden von Erdbewohnern bösartige Geschwüre. Damit hätten wir die Erfüllung der Offenbarung 16,2. Einige Krebsforscher sprechen bereits davon, dass fünf Prozent der Menschen diese sogenannten heißen Teilchen (Nukleonen) bereits in der Lunge haben. Wie ernst diese Dinge zu nehmen sind, kann man daran ermessen, dass 18 namhafte Physiker im Jahre 1957 die sogenannte Göttinger Erklärung abgaben und gegen weitere H-Bomben-Experimente und deren militärischen Einsatz protestierten. Das war aber noch nicht alles, was die Physiker und Na-

turwissenschaftler getan haben. Es ist das Erfreulichste, dass in unserer verwirrten Zeit Naturwissenschaftler ein Christuszeugnis aufrichten, das wir an theologischen Fakultäten kaum hören.

2. Es ist nicht nur tragisch, sondern auch ein Zeichen der Endzeit, dass sich in der heutigen Theologie ein neuer Rationalismus breit gemacht hat, der radikaler und zugleich verschleierter ist als die liberale Epoche des 19. Jahrhunderts. Wenn nur ein Beispiel genannt werden darf, so sei auf den Kirchentag 1965 hingewiesen, bei dessen Veranstaltungen die Botschaft von der Wiederkunft Jesu fehlte. Das ist nicht verwunderlich, denn alle Aussagen des Neuen Testaments sind auf das Denken des natürlichen Menschen zugeschnitten. In dieser Zeit der Aushöhlung der biblischen Substanz hat Gott nicht nur Pastoren und Evangelisten wie Bergmann, Brauer, Bruns, Busch, Deitenbeck, Jochums, Kemner, Pagel, Schulte u. a. geschenkt, sondern vor allem auch gläubige Naturwissenschaftler, die die Fahne des Gekreuzigten und Auferstandenen hochhalten. Nennen möchte ich den Mathematiker Prof. Rohrbach, Rektor der Universität Mainz. Erwähnen möchte ich den Physiker Prof. Schaaffs von der Universität Berlin. Sein Buch »Christus und die physikalische Forschung« ist ein ganz starkes Christuszeugnis. Nicht zu vergessen ist der Chemiker Dr. Paul Müller. Mit einem geradezu prophetischen Fingerspitzengefühl zeigt er die kommende Entwicklung in seinem Buch »Unser Jahrtausend geht seinem Ende entgegen«. Auch der Katholik Bernhard Philberth muss

erwähnt werden. Sein vielbeachtetes Buch »Christliche Prophetie und Nuklearenergie« ist die genaueste Auslegung der Offenbarung des Johannes in unserer Zeit. Das ist um so bedeutsamer, als er als Kernphysiker in den Aussagen des letzten Buches der Bibel Dinge verwirklicht und erfüllt sieht, über die unsere modernen Theologen achtlos hinweggehen.

III. Alle diese stichwortartig genannten Entwicklungen zeigen, dass wir zur Zeit in einem hochinteressanten geistigen Klima stehen. Dr. Bergmann schreibt dazu: »Man muss schon ein seelischer Dickhäuter sein und mit einer Überdosis Oberflächlichkeit in den Tag hineinträumen, wenn einem unsere Zeit mit ihrem Fieber und ihrer unheimlichen Abgründigkeit nicht zum Problem wird.« Am deutlichsten wird uns der Charakter der Zeit und der Zukunft nicht durch die Bücher der Journalisten, nicht durch die Bücher der Naturwissenschaftler, sondern durch die Prophetie der Heiligen Schrift selbst. Wer sich kurz orientieren will, der lese doch einmal die große Wiederkunftsrede Jesu in Matthäus 24. Wer mehr Zeit hat, der studiere das letzte Buch der Bibel und nehme sich die Auslegung eines gläubigen Mannes dazu. Wer immer wieder betend vor dem prophetischen Wort steht und damit unsere Zeitereignisse vergleicht, der merkt, dass wir in der Erfüllungszeit stehen. Das ist der Grundton von Philberts oder Müllers Buch. Philbert schrieb: »In der gesamten Menschheitsgeschichte und Erdengeschichte gab es noch nie eine Zeit, wie sie sich in den letzten Jahren bis 1960 erfüllte. In diesem Zusammenhang sei auch auf das Buch von Dr. Klara Schlink hingewiesen »Das Ende ist nah«.

Wenn wir uns fragen, was das Besondere unserer Zeit ist, das durch das prophetische Wort unterstrichen wird, so können wir viele Antworten geben. Es werden hier nur Stichworte genannt, weil ich über diese Fragen bereits eine Broschüre veröffentlicht habe.

Der stärkste Hinweis ist das Geschehen um Israel. Wie gut erinnere ich mich noch an den Ausspruch meines verehrten Prof. Karl Heim. Er konnte 20 Jahre vor der Gründung des Staates Israel manchmal sagen: »Dieses Volk ist von Gott aufgehoben für eine große Zukunft.« Es ist so gekommen. Erschreckend ist der globale Aufmarsch antichristlicher Mächte gegen das Christentum: neue Aktivität der außerchristlichen Weltreligionen, Aufkündigung der bisherigen Toleranz. Tendenz zur antichristlichen Welteinheitsreligion. Es wird damit gerechnet, dass es bis zur Jahrtausendwende so weit sein wird. Die biologische Überrundung der christlichen Völker. Das System der acht bis zehn Kinder bei den Nichtchristen, das System der ein bis drei Kinder bei den Christen.

Die politische und ideologische Einkreisung durch die kommunistischen Systeme.

Die Entnervung und Neurotisierung der Menschheit. Die drohende Selbstvernichtung durch einen Regiefehler oder das technische Versagen einer Radaranlage.

Die geistigen Strömungen unserer Zeit! Nicht nur

das Sektenunwesen ist beunruhigend. Die größte Irrlehre unserer Zeit ist die moderne Theologie. Mancher mag sich darüber ärgern, dass so oft von dieser Theologie die Rede ist. Statt einer Antwort lade ich Sie ein, die sieben Sendschreiben in Offenbarung 2 und 3 zu lesen. Dort wird Stellung genommen zu der falschen Toleranz der Gemeinde gegenüber den Wortverdrehern und Quellenvergiftern in der Zeit des Urchristentums. Und ist es heute nicht noch schlimmer? Wahrlich eine Zeit wie nie zuvor! Die Positionslichter der Gemeinde sind dringender denn je. Der Feind vernebelt, umzingelt – und was steht im Hintergrund? Die Generalmobilmachung! Die Macht der Finsternis, der Fürst dieser Welt, ist zum Endkampf angetreten. Deshalb ist der Ruf Jesu »Wachet!« aktueller denn je.

IV. Gibt es in diesem Tumult, in diesem chaotischen Geisterkampf noch eine klare Richtung, noch ein Ziel, noch einen Ausweg? Gott sei Dank!

1. Johannes sagt in Offenbarung 1,7: »Siehe, er kommt!« Als Christen interessiert uns nicht, was kommt, sondern wer kommt. Wir haben es nicht mit schrecklichen Entwicklungen zu tun, nicht mit drohenden atomaren Auseinandersetzungen, nicht mit widergöttlichen Systemen, die dem christlichen Glaubensleben die Luft zum Atmen abschnüren wollen; wir haben es als Jünger des einen Herrn allein mit Jesus zu tun. Ihm ist vom Vater im Himmel alle Gewalt anvertraut. Er sitzt an den Schalthebeln dieser Welt. Er wird bald aus seiner Unsichtbarkeit heraustreten. Er führt die Welt- und Heilsgeschich-

te zu Ende.
2. Der Gemeinde Jesu wird eine Zeit der Verfolgung, eine Zeit der Bedrängnis nicht erspart bleiben. In Rotchina ist es heute schon so weit. Wir dürfen nicht vergessen, dass der Fürst dieser Welt einen großen Zorn gegen die Kinder Gottes hat.
Wenn es ihm auch gelingen mag oder es ihm zugelassen wird, alle Wege zu blockieren, um die Kinder Gottes vernichtend zu treffen, ein Weg bleibt uns offen: der Weg nach oben. Dorthin reicht sein Arm nicht. Dort steht der andere, der gekommen ist und wiederkommen wird, um sein Reich einzunehmen. Jesus selbst ermutigt uns mit seinem Ruf: »Wenn diese Dinge anfangen zu geschehen, dann erhebt eure Häupter, weil sich eure Erlösung naht.
3. Jesus hat damit eine entscheidende Wahrheit ausgesprochen. Seine Jünger sind nicht auf den Atomkrieg ausgerichtet, nicht auf die mögliche Weltherrschaft einer kommunistischen Großmacht, sondern auf die Freude. Die Freude ist neben der Liebe das stärkste Motiv in dieser Welt. Die Kinder Gottes wissen um die aufsteigende Bedrängnis. Aber sie blicken darüber hinaus auf die Morgenröte, die die Fußstapfen des kommenden Herrn ankündigt. Die Jünger Jesu sind also nicht von Untergangsstimmung erfüllt, sondern ihre Herzen schlagen in Liebe und Freude ihrem Herrn entgegen. Das ist die große Antwort der Bibel und unseres Herrn auf die tödliche Bedrohung der Zukunft: die Ausrichtung auf den wiederkommenden Herrn, der allem Leid in der Welt ein Ende bereiten wird.

4. Unsere Angst ist dann vorbei. Unter seinem Schirm sind wir sicher vor den Stürmen aller Feinde. Unsere Einsamkeit hat dann ein Ende, denn wir werden immer beim Herrn sein. Unsere Ungewissheit wird dann von der freudigen Gewissheit überwältigt, dass uns nichts vom Herrn trennen kann. Unsere Sünde wird uns dann nicht mehr quälen und unser Gewissen belasten, denn er hat sie aus unserem Blickfeld entfernt. Keine Krankheit kann uns mehr quälen, denn er hat sie ganz auf sich genommen. Der Tod wird nicht mehr nach uns greifen, denn er liegt als besiegter Feind zu Jesu Füßen. Die Welt mit ihren tausend Nöten wird uns nicht mehr bedrücken, denn er wird abwischen alle Tränen von unseren Augen. Die Zukunft hat ihre Macht verloren, denn die irdische Zeit ist ausgelöscht und durch die Ewigkeit ersetzt. Haben nicht die Kinder Gottes eine helle Zukunft? Auf der Brücke der lebendigen Erwartung Jesu gehen wir über den brodelnden Sumpf der Gegenwart und über die aufsteigenden Giftgase der nahen Zukunft dem Herrn entgegen.

> Wir warten dein, o Gottes Sohn,
> und lieben dein Erscheinen.
> Wir wissen dich auf deinem Thron
> und nennen uns die Deinen.
> Wer an dich glaubt,
> erhebt sein Haupt
> und siehet dir entgegen;
> du kommst uns ja zum Segen.